Revista Lastiri

Dirección general: Mayra Oyuela.

Colaboran en este número:

Martín Cálix, Melissa Cardoza, Alejandro Durón, Óscar Estrada, Fabricio Herrera, Ana Lu, Adrienne Pine, Ariel Sosa, Ludwing Varela, Anarella Vélez Osejo.

Consejo Editorial:

Óscar Estrada, Eneida Milagros Incer, René Centeno San-Martín. Oto Wilches, Jessica Sánchez, Fabricio Estrada.

Ilustraciones de:

Cleonique Hilsaca, Andrea Fonseca Chahín y Susanna Bowman.

Edición y diseño de Casasola Editores.

Diagramación: André Mirón.

Portada cortesía de Erick Zelaya

Fotografía de contraportada de Josué Osorio.
Obra "Alboroto" de Adán Vallecillo.

Revista Lastiri 1.

ISBN-10: 194236900X
ISBN-13: 978-1-942369-00-4

LASTIRI

EDITORIAL

Hacer una reflexión en breves líneas del contexto en que pensamos *Lastiri* no es sencillo, pues nos enfrentamos a la necesidad de encontrar o crear vínculos que diversifiquen la opinión.

En un país tejido por la violencia y un declive social constante, pareciera que iniciativas que prevalecen en la belleza del razonamiento y la diversidad de la cultura, fueran derrochadas semillas en un charco de agua densa. Pues, en un contexto de discursos manoseados y de máscaras, buscamos respuestas y acciones ante el dominio de un estado que ejerce su fuerza, a partir de una cultura y una política del miedo, en el que la institucionalidad intenta reivindicarse con viejas estructuras fascistas, donde la militarización, el desempleo y el hambre mantienen a su población en una fiebre metafísica que no le permite pensar.

Ampliar y volver más atinada la opinión no deja de ser un reto, pues las múltiples miradas de la realidad social hondureña, son tan variadas y tan complejas, que profundizar en esa gama de diversas y opuestas coyunturas, lo hace una tarea titánica que pareciera interminable. Pero es la necesidad de posicionar en la agenda del estado y de la sociedad, las luchas reivindicatorias de los diferentes sectores como son: la lucha por los territorios, los movimientos feministas, los movimientos indígenas, el sector cultural entre otros, manifestaciones sociales que para un gobierno estructurado en la mentira y la indolencia son menos que deleznables, por ello es necesario devolver al ojo público y a la movilización, una información con criterio y desde nuevas herramientas que nos ofrece la contemporaneidad, en este caso, *Lastiri* se vuelve una memoria viva y un punto de fuga para un sector que busca constantemente educarse y conocer a través de nuevos análisis y reflexiones, el flanco débil del actual estado del caos en que se ve sumergido el país.

Con *Lastiri*, nos consagramos al análisis de la sociedad contemporánea hondureña y a la reflexión sobre ella, con una lectura desde las humanidades, la cultura, el arte y la política, evidenciando y retomando temas pertenecientes al actual estado político y cultural de Honduras. Y nada mejor que haciéndolo a través de su diversidad de contextos, poniendo en evidencia esa parte de la historia que ha sido dominada y sujeta a las tendencia generales de las últimas décadas en las políticas de dominio en Latinoamérica, acentuada aún más en nuestro territorio a partir del golpe de estado en el 2009, con un gobierno acomodado a las aspiraciones y a la centralización del capitalismo mundial.

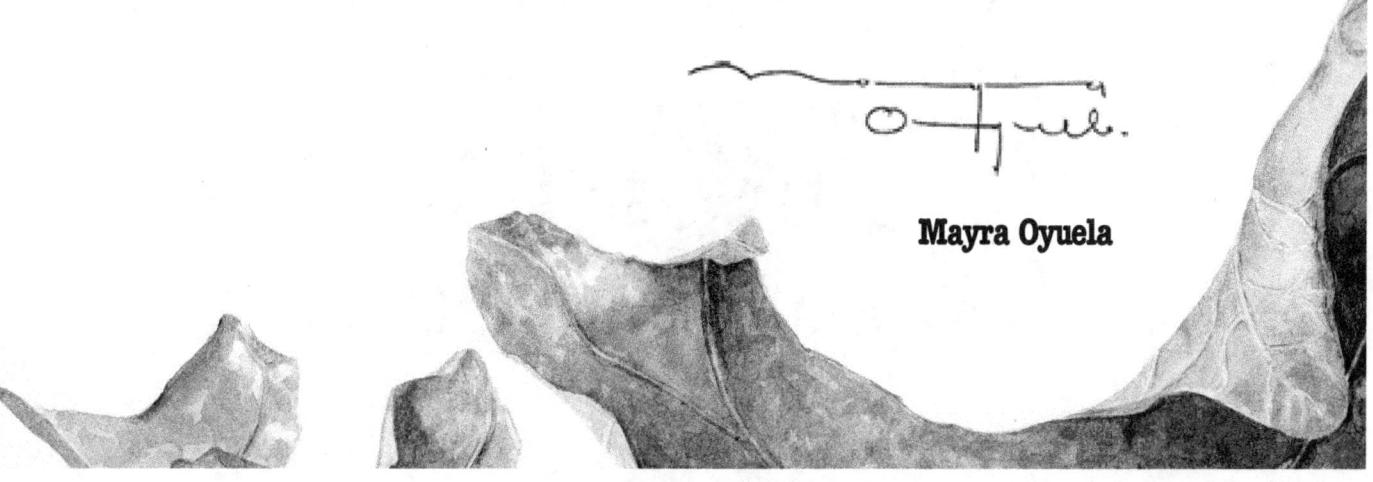

Mayra Oyuela

PRESENTACIÓN

La *volatilidad política* que vive Honduras y en distinta escala la región mesoamericana, nos obliga a conformar organizaciones que con creatividad, hagan frente a la avanzada neoliberal que está cambiando el concepto de Nación Estado que desde el siglo XIX primó en nuestra cosmovisión como hondureños y hondureñas. Construir nuevas y redefinir las viejas trincheras de lucha popular, es una necesidad urgente para el movimiento social. Alimentar esa lucha con pensamiento crítico, estratégico y movilizador es un mandato para el Colectivo Josefa Lastiri.

Como colectivo, creemos firmemente en el intercambio de conocimiento e ideas como una herramienta liberadora vital para la lucha popular; reconociendo y respetando las necesidades, intereses y realidades de las distintas organizaciones y comunidades, apostamos a la articulación de los diferentes espacios organizados.

Buscando crear puentes que unan a los distintos actores sociales en su lucha contrahegemónica, presentamos hoy la primera edición de nuestra revista *Lastiri*, conformada por un equipo independiente y profesional, que buscará plasmar en estas páginas, el aprendizaje que nos dejó la historia, el retrato del momento actual en la realidad nacional y nos dará líneas para comprender, que si el presente es de lucha, el futuro, será de victorias.

Colectivo Josefa Lastiri

La Libertadora

María Josefa Lastiri Lozano

Apenas ha habido una sola guerra que no haya contado con participación femenina.

Stieg Larsson

Por: Anarella Vélez Osejo

Al estudiar la vida de Josefa Lastiri nos encontramos con el típico ocultamiento político e historiográfico del papel de la mujer. Sin embargo, la problemática femenina exige que se la visibilice.

Sin duda Josefa forma parte de un grupo de mujeres que fueron indispensables para el éxito de las gestas emancipadoras pero fueron invisibilizadas, minimizadas u olvidadas, a pesar de que sacudieron los cimientos del sistema colonial.

Ellas participaron en todo el proceso de independencia, de integración regional, en las guerras; agregadas a los ejércitos, en la retaguardia, en la logística (las soldaderas) y hasta como combatientes, sin embargo, han sido olvidadas.

Debo remarcar que las historiadoras feministas creemos que al considerar la dinámica histórica se debe reconocer la importancia de todos los actores sociales en el acontecer histórico. Entendemos que es urgente revalorizar el papel femenino en el escenario de la vida y tener presente que la cotidianeidad está en el centro del acontecer histórico. Es necesario señalar que el conocimiento del proceso de emancipación y de integración latinoamericana no debe partir exclusivamente del análisis de los casos excepcionales de las heroínas.

Josefa Lastiri Lozano, esta desconocida mujer hondureña, nació en la Villa San Miguel de Tegucigalpa de Heredia, hoy capital de la República de Honduras, el 20 de octubre de 1792. Fue hija de Juan Miguel Lastiri, comerciante español y Margarita Lozano y Borjas, natural de la entonces Intendencia de Comayagua.

Fue bautizada con el nombre de María Josefa Úrsula Francisca de la Santísima Trinidad, en la iglesia parroquial de San Miguel de Tegucigalpa, el 22 del mismo mes, por el cura Vicario Juez Eclesiástico de ese beneficio, Juan Francisco Márquez[1].

Su nombre nos recuerda a las magnas mujeres españolas de ese tiempo: Doña Josefa Amar y Borbón, pedagoga y escritora

REPUBLICA DE HONDURAS C.A.
AEREO

DOÑA MARIA JOSEFA LASTIRI DE MORAZAN

5 CINCO CENTAVOS DE LEMPIRA

de la ilustración española, a Doña Josefa Zúniga y Castro, fundadora de la Academia del Buen Gusto durante el reinado de Fernando VI. También a Santa Úrsula, hija mártir de un rey de Bretaña insular, enviada al continente para casar con un príncipe pagano. Para entonces, la villa de Tegucigalpa era el lugar más poblado y floreciente de la provincia de Honduras. La ciudad de origen minero se convirtió en una populosa urbe con ayuntamiento, parroquia, dos conventos, dos ermitas y era la cabecera del partido de su nombre. Competía abiertamente con la ciudad de Nueva Valladolid de Comayagua, capital de la provincia y residencia del Intendente y sede episcopal.A Josefa le correspondió crecer en esos años en los que en la región centroamericana arraigaba la noción de la emancipación, cuyos antecedentes inmediatos los encontramos en el levantamiento de 1811 en la ciudad de San Salvador. El 13 de diciembre de 1811 el pueblo de León, Nicaragua, encabezado por el fraile guatemalteco Benito Miguelena se levantó contra las autoridades españolas. El 22 de diciembre, en Granada los conspiradores se reunieron en Cabildo Abierto, y se levantaron contra el orden colonial. El 1 de enero de 1812, cuando Josefa contaba con 20 años de edad, los pobladores de Tegucigalpa se opusieron a la decisión de los residentes españoles y las autoridades de Tegucigalpa

que habían dispuesto que las alcaldías fueran desempeñadas sólo por peninsulares. Los sublevados consiguieron, en cambio, que el Ayuntamiento quedara conformado exclusivamente por criollos.

Otro hecho histórico que signaría la vida de los pobladores de la ciudad de Tegucigalpa, fue la jura de la nueva Constitución el 24 de septiembre de 1812. En ella se establecía la equidad entre criollos y peninsulares. También, el nuevo texto constitucional proclamaba la representación nacional en forma colectiva, creaba los municipios electos en comicios populares, implantaba la Diputación Provincial para inspección de la Administración económica, disponía la apertura de escuelas en todas las poblaciones y determinaba que en ellas debía darse a conocer la nueva Constitución, consagraba además, este texto constitucional, la Libertad de Pensamiento.

Durante todo el año de 1813 en la Villa se vivieron acontecimientos que conmovieron los valores establecidos por el imperio colonial, particularmente la ruptura entre el ayuntamiento con las autoridades civiles y eclesiásticas.

Los separatistas de Tegucigalpa decidierón seguir el modelo de la sublevación salvadoreña, es decir, derrocar a las autoridades constituidas, apoderarse de las armas y dinero guardado en la Plaza de Armas y en la Caja Real. Alcanzados estos objetivos, pasar a liberar a los prisioneros, proclamar la independencia y deportar a España a los altos administradores peninsulares. Un nuevo levantamiento ocurrió en San Salvador, el 24 de enero de 1814, encabezado por el Sacerdote Dr. Matías Delgado. Esta experiencia caló en la conciencia de las/los jóvenes y preparó la independencia de 1821.

La información sobre estos hechos circulaba gracias a *La Gaceta* de Guatemala, periódico que divulgaba los problemas nacionales y entre líneas se leía que el bálsamo para curar males generados por el sistema colonial, era la emancipación de la región.

La vida cotidiana durante el período colonial era de tal naturaleza que un espíritu sensible como el de Josefa no podría dejar de cuestionarlo.

Su nacimiento en el seno de una familia de considerables recursos económicos, los Lastiri-Lozano, explica la cuidada educación recibida por Josefita y sus hermanas: Petrona, Lucía y Dolores. De ellas se dice que heredaron la belleza criolla de Doña Margarita. Ellas también contrajeron matrimonio con figuras célebres de la historia centroamericana. Petrona se casó con el coronel Don Remigio Díaz, héroe de la batalla de la Trinidad; Lucía con Don José Santos del Valle, quien ejerció interinamente la Jefatura del Estado de Honduras; y Dolores con Don Diego Vigil y Cocaña, último Vicepresidente de la República Federal.

Cuando señalamos la especificidad de la enseñanza femenina es importante establecer la diferencia entre lo que entendemos hoy día como lo que debe ser una instrucción "completa" o integradora y compararla con aquella concepción propia de finales del siglo XVIII e inicios del XIX: los distintos conceptos de la cultura, la sociedad en general y la mayor parte del profesorado, femenino o no, admitían, sin mayores problemas, que la instrucción dirigida a la mujer debía incidir en aquellos aspectos considerados "propios" de ellas, reduciendo éstos a la Religión -compuesta de varias asignaturas- y a las actividades relacionados con el hogar, como costura, labores o semejantes. Se trataba, por tanto, de una enseñanza limitada, distinta a la masculina y con enormes carencias.

Es la formación recibida en el seno del hogar la que modeló el carácter de Josefa y la convirtió en una distinguida joven, en una mujer de carácter que frecuentaba los salones de la ciudad de Tegucigalpa. En 1808, contrajo matrimonio con un acaudalado joven de su misma edad, Don Esteban Travieso y Rivera, nacido el 2 de septiembre de 1792. Tras la boda, los Travieso Lastiri establecieron su residencia en la ciudad de Comayagua.

De ese matrimonio nacieron cuatro hijos: Ramona, Tomasa, Paulina y Esteban Travieso y Lastiri. Don Esteban falleció en Tegucigalpa el 27 de febrero de 1825, Josefa contaba con 32 años de edad. De él heredó un considerable patrimonio, en el que figuraba la hacienda de Jupuara o Rancho Chiquito.

Convertida en una acaudalada hacendada de la jurisdicción de Lamaní, al sureste de Comayagua, la joven viuda, hermosa y rica, no tardó en capturar el interés de muchos comayagüenses. Un anónimo admirador le dedicó el siguiente acróstico:

"A otros días más claros que el presente,
Jamás precedió Febo luminoso
Ostentando mejor su brillo hermoso s
Sobre la rubia niebla del Oriente
En el cenit suspenso y reverente,
Fija su carro y queda silencioso,
Admirando en tu rostro candoroso,
Las gracias y virtud más inocente.
Así, yo quedo absorto al contemplarte,
Sin que pueda mi labio confundido
Tanto afecto explicar al saludarte,
I, únicamente (al alma cielo pido),
Repita en ti la dicha con que al crearte,
Infinito brindaba complacido."[2]

Transcurridos varios meses después de la muerte de Don Esteban Travieso, Doña María Josefa empezó a relacionarse con Don José Francisco Morazán Quesada, a quien conoció en 1821, cuando éste fue apresado por razones políticas. Justamente es Esteban Travieso quien inicia las diligencias para que Morazán sea liberado. Entonces fue invitado por Don Esteban a su hacienda de Jupuara, donde conoció a María Josefa.

Por su parte, Francisco fue hijo primogénito de Eusebio Morazán y Alemán y de Guadalupe Quesada y Borjas, nacido el 3 de octubre de 1792, sus características físicas e intelectuales fueron descritas por Mejía Nieto:
"...era de natural bondadoso, su inteligencia...

despejada su catadura física en general, de fino porte. Estaba pues, dotado de buenos rasgos por la naturaleza. Ayudaba a sus padres en el cuidado de sus hermanitos menores. El jefe de la familia se dedicaba en general a proporcionar la subsistencia y en particular ideas morales a sus hijos. Esta cualidad industrial fue inherente y orgánica en la familia de los Morazán (...) En esta hosca monotonía colonial, como flor sin sol, despunta la vivacidad de Francisco. Su energía echa raíces hacia adentro y lo que pudo ser ímpetu exteriorizado se convierte en sosiego de madurez interior. Así se explica que en este país (mondo de saberes como hueso sin pelleja) apareciera Francisco, con doctrina y decisión. Poco había aprendido de sus compañeros de juego, menos del mundillo de Morocelí, algo de De León, bastante de los libros y documentos de éste, más de las pocas obras extranjeras caídas en sus manos y mucho de su propio juicio y reflexión. Al propio tiempo había escapado de la influencia

Adela Morazán Lastiri

de un mundo ignorante, supersticioso y fanático: producto de una iglesia adinerada y feudal. [3]"

El ambiente descrito por Mejía Nieto fue el mismo en el que creció Josefita, una sociedad en la que imperaba la ignorancia, la superstición y el fanatismo religioso. Las mismas causas por las que América Central anidó la idea emancipadora.

Hasta Tegucigalpa llegaron las noticias de los movimientos sociales liderados por Francisco de Miranda en Venezuela, Mariano Moreno en Argentina, el cura Hidalgo en México, contextualizados en la ocupación del territorio español por el ejército napoleónico, el abandono de la Corona por Carlos IV, la detención del príncipe heredero Fernando VII.

En ese escenario histórico, hacia 1819, Morazán fue escribano de Mallol, Alcalde de Tegucigalpa, en donde leía todo los que caía en sus manos. Más tarde se empeñó en hacer carrera militar, identificándose con las ideas Bonapartistas.

En 1824, Morazán Quesada se convierte en el Secretario General del Despacho y brazo derecho del Jefe de Estado Don Dionisio de Herrera. José Francisco era calificado como un joven guapo, atractivo, varonil, recibía los halagos de las mejores familias de Comayagua, quienes lo consideraban el mejor prospecto matrimonial para sus hijas. Pero la amistad con Josefa se había vuelto apasionada. Mejía Nieto la describe así: "...Morazán había adquirido casi tanta popularidad en la buena sociedad de Comayagua como en la de Tegucigalpa; esto le favorecía, pues en Comayagua cimentaba más arraigadamente la tradición de las severas costumbres sociales de la colonia española. En Tegucigalpa la explotación de las minas había hecho posible el surgimiento de nuevos ricos, sin apellido ni nombre. Por otro lado creyeron los aristócratas de Comayagua, sin excluir al clero, que atrayéndose a Morazán, lograrían influir y salvaguardar sus intereses y privilegios de la amenaza liberal del Gobierno. Cuando se supo que de la ilusión platónica entre Morazán y la viuda de Travieso se adelantaba en visitas y hasta ausencias de Morazán al deporte favorito que era aventurarse errando caballo por las tardes, la sociedad armó cuchicheos. Es verdad que se censuró la imprudencia de la viudita y los avances del funcionario, que además del poder político y social tendría el solio que le fraguaba el dinero de su bella esposa. No era un amor platónico, sino que era una corriente de erótica atracción como luego se descubrió y hasta con suma sorpresa y no cierta envidia, porque jovencitas de Comayagua que no eran viudas ni tenían niños, pensaron en atraer a Morazán a sus redes. Esto sin embargo no ocurrió. El casamiento de Josefita Lastiri (como se la llamaba) con Morazán, se juzgó como un hecho cierto e inevitable. El propio presidente D. Dionisio de Herrera fue el padrino de bodas."[4]

El modo en que se desarrolló el vínculo amoroso entre Francisco y Josefita dejan constancia de sus ideas liberales, éstas les permitieron asumir su situación con bastante libertad y naturalidad. Sin embargo, tras la presión social propia de una sociedad conservadora como la de Comayagua, celebraron su matrimonio en esa ciudad el 30 de diciembre de 1825, cuando ambos tenían treinta tres años. Fueron testigos de su boda el Coronel Don Remigio Díaz, esposo de Doña Petrona Lastiri, y Don Coronado Chávez, años después Presidente de Honduras.

Las circunstancias históricas por las que atravesaba la región centroamericana imposibilitaron que el hogar de los Morazán Lastiri tuviese una vida sosegada. Las discrepancias ideológicas, reflejo de los diferentes intereses económicos se resolvieron con la guerra. El Gobierno de Dionisio de Herrera, en el que Morazán se desempeñaba como Secretario General y Presidente del Consejo Representativo, se enfrentó con las autoridades federales, quienes enviaron sus tropas a Honduras y en abril de 1827 sitiaron la ciudad de Comayagua, la que fue decididamente defendida por sus pobladores. El 10 de mayo de 1827, a las once de la mañana, entraron triunfantes a Comayagua las tropas federales, comandadas por el coronel José Justo Milla. Dionisio de Herrera, el Jefe de Estado legítimo de Honduras, fue capturado por los invasores y enviado para Guatemala. Lo sustituyó Cleto Bendaña, impuesto por el mismo Milla. Josefa, recién casada con Morazán, sufrió la captura de la ciudad. Francisco participó activamente en la defensa de Comayagua, arriesgándose consiguió víveres y atacó a las tropas federales. Estratégicamente, se retiró a Tegucigalpa donde logró reunir trescientos hombres. Al regresar a Comayagua se enfrentó nuevamente a las tropas de Milla en la hacienda La Maradiaga, y aunque salió victorioso, sus hombres quedaron sin municiones. Se vieron obligados a retirarse hacia Tegucigalpa. En Comayagua se quedó Doña Josefita y sus hijos Travieso, la ciudad fue tomada por las fuerzas federales y fue víctima de un terrible saqueo. Entretanto Morazán se incorporó a la columna, al mando de Cleto Ordóñez, que el gobierno salvadoreño envió tardíamente en auxilio de Herrera. Cuando pasaron por la hacienda El Hato Grande, las gentes de Ordóñez asesinaron a su propietario, Miguel Madueño, sólo para apropiarse de sus bienes. Ante este hecho Morazán, indignado, se separó de la columna y solicitó garantías a José Justo Milla, quien mandó pasaportes para Morazán, Díaz, Márquez y Gutiérrez. Morazán creyó en la palabra del invasor, no así sus compañeros, quienes partieron para Nicaragua. Morazán se trasladó a Ojojona y ahí fue apresado y trasladado a Tegucigalpa, con irrespeto absoluto de la garantía concedida, caía víctima de la traición.

Morazán logró huir hacia El Salvador, de ahí hacia la ciudad de León en donde se reunió Remigio Díaz, José Antonio Márquez y José María Gutiérrez, consiguió ayuda del Gobierno de Nicaragua, formó una pequeña pero aguerrida columna con la que se dirigió hacia Choluteca, en donde se unieron otros hondureños que se habían levantado en contra de Milla, anhelantes de batir a los invasores y de instaurar en el país un gobierno legítimo.

El 11 de noviembre de 1827 Morazán derrotó al ejército federal en la famosa batalla de La Trinidad. Al día siguiente entró a Tegucigalpa y el 26 de ese mismo mes llegó victorioso a Comayagua. Josefita pudo presenciar el júbilo popular con que fue recibido Francisco. Por falta del Jefe de Estado, el Consejo Representativo lo llamó a ejercer la primera magistratura, Diego Vigil fue nombrado Vice-Jefe.

Josefita y Francisco se reunieron tras largos y angustiosos tiempos. No pudieron disfrutar por un prolongado período de su nueva posición en la sociedad hondureña. Nuevas fuerzas federales volvieron a marchar sobre el Estado, y Francisco hubo de blandir de nuevo el sable. El 30 de junio 1828 se apartó de la Jefatura para dirigir el ejército estatal, a cuyo mando derrotó a los federales el 6 de julio de ese año en la batalla de Gualcho. Luego marchó hacia El Salvador, con el objetivo de auxiliar al Gobierno estatal, también enfrentado con las autoridades de la República.

Doña María Josefa recibía información detallada de los triunfos y avatares liderados por su esposo, que vencedor en el Combate de San Antonio, fue eufóricamente recibido en San Salvador el 23 de octubre de 1928. Morazán partió luego hacia Guatemala en donde puso sitio a la ciudad para derrocar al Gobierno de la República. El 13 de abril de 1829 entró en la ciudad y depuso a las autoridades federales, asumió así el mando supremo de la nación centroamericana. Días antes había sido elegido Jefe del Estado de

Honduras por sus conciudadanos.

Para esas fechas Josefita había alcanzado la edad de 37 años y se convertía en Primera Dama de Centroamérica, estatuto que no ostentó por mucho tiempo pues en junio de 1829 Morazán entregó el poder a un gobierno provisional presidido por Don José Francisco Barrundia. Regresó a Honduras para tomar posesión de la Jefatura Suprema el 4 de diciembre de 1829.

En esta ocasión tampoco sería Primera Dama de Honduras por mucho tiempo, pues en junio de 1830 Morazán fue elegido como Presidente de la República Federal para el período 1830-1834. El 16 de septiembre del año de 1830, Francisco tomó posesión de ese cargo y Josefita se convirtió de nuevo en la Primera Dama de la gran nación centroamericana.

La convulsiva situación social de la región explota nuevamente en los primeros meses de 1832 y Morazán vuelve a comandar el ejército federal, esta vez contra el Gobierno de El Salvador. Retorna triunfal a Guatemala en abril de 1833 y entonces solicita un permiso al Congreso de la Federación para retornar a Comayagua con Doña Josefita. Sin embargo este merecido descanso duró pocos meses, pues debió combatir de nuevo contra las autoridades salvadoreñas, ocasión en la que Morazán, Presidente de la Federación, salió herido. El jefe de Estado salvadoreño, Joaquín de San Martín y Ulloa fue derrotado.

El 16 de septiembre de 1834 finalizó su período de Gobierno en la Presidencia de la Federación, para entonces el candidato ganador de las elecciones, Don José Cecilio del Valle había muerto el 2 de marzo de ese año. Fue necesario efectuar nuevos comicios y el voto popular designó nuevamente a

Las circunstancias históricas por las que atravesaba la región centroamericana imposibilitaron que el hogar de los Morazán Lastiri tuviese una vida sosegada.

Morazán como Presidente de la República.

El 4 de junio de 1835 Francisco tomó posesión de ese cargo en la ciudad de San Salvador, designada desde el año anterior como la nueva sede de la jefatura. Hacia esa ciudad se trasladó Josefita con su familia para apoyar decididamente a Morazán en el desempeño de su nuevo cargo, al frente del proyecto social de la Federación Centroamericana.

Transcurridos poco más de 10 años después de la emancipación centroamericana y de la constitución de la Federación, se creía que

y seis años de edad, mientras el Presidente de la Federación combatía a los conservadores liderados por Carrera, nació en San Salvador, la única hija del matrimonio, bautizada con el nombre de Adela.

Francisco Morazán Quesada procreó cuatros hijos y una hija fuera del matrimonio:

1. Con Rita Zelayandía de Ruiz, salvadoreña, tuvo a José Antonio Ruiz, nacido en Tegucigalpa en mayo de 1826 (probablemente procreado en agosto de 1825, meses antes de su matrimonio con Josefita).

E. Quiróz, Célia Gargollo Freer, Adelita Jimenez Gargollo, Eloisa Jimenez Gargollo, María Jimenez Gargollo Y Otra De Las Primas Quiróz, Nietas Y Bisnietas De Morazán.

Centroamérica había logrado consolidar el proyecto social de los demócratas, sin embargo, esta ilusión se desvaneció rápidamente. En el Estado de Guatemala estalló la guerra civil, provocada por el levantamiento del conservador Rafael Carrera y Turcios.

Para estas fechas Josefita se encontraba en estado de embarazo, a pesar de ello, Morazán tuvo que salir de San Salvador para hacer frente a los rebeldes. En 1838, a los cuarenta

2. Con la señora Francisca Moncada, hondureña, tuvo a Francisco Morazán Moncada, nacido en octubre de 1827 (probablemente procreado en enero de 1827), casado ya con Josefita.

3. Con una señora Fuentes, en Guatemala tuvo otros dos hijos, Nicolás y Josefa.

4. Con la Señora Teresa Escalante de Freer, salvadoreña, tuvo a Dolores Freer, nacida el 2 de junio de 1843 (probablemente concebida días antes del asesinato de Francisco

Adelita Jimenez Gargollo
Bisnieta De Morazán

Morazán).

Josefa asumió con generosidad el cuidado de los dos vástagos mayores de Morazán y crecieron junto a los hijastros Travieso. En la biografía de Francisco Morazán Quesada escrita por Enrique Guier nos relata:
"...toleró a su lado dos hijos naturales del segundo marido, cuyos devaneos amorosos no desmentían sus vigorosas facciones masculinas..."[5]

El quinto embarazo de Josefa, con el que surgió a la vida su única hija mujer, llegó al mundo en medio de las peores circunstancias vividas por la Federación.

Guatemala, El Salvador y el sexto, nuevo y efímero Estado de Los Altos (país creado durante la República federal en los años 30, cuya capital fue Quetzaltenango y ocupaba lo que actualmente es el oeste de Guatemala y parte de Chiapas, el cual se creó como respuesta a las diferencias políticas entre la Ciudad de Guatemala y Quetzaltenango, que era realista y no se independizó sino hasta el 2 de febrero de 1838, siendo reconocida por la Federación el 5 de junio de ese mismo año) se encontraban en plena guerra civil, mientras Nicaragua, Honduras y Costa Rica se separaban sucesivamente de la República.

El 1 de Febrero de 1839, Morazán finalizó su período presidencial y entregó el poder a su concuño Don Diego Vigil y Cocaña, quien fungió como Vicepresidente de la Federación. Vigil, por su parte, nombró a Francisco como jefe del ejército Federal y en abril de ese año venció a las fuerzas combinadas de Honduras y Nicaragua en el combate del Espíritu Santo, donde sufrió una herida de consideración. Poco después fue elegido como Jefe de Estado de El Salvador, cargo del que tomó posesión el 11 de julio de 1839.

Josefita, en su calidad de esposa del Jefe de Estado de El Salvador, sufrió el escarnio producto de las animadversiones políticas de los conservadores centroamericanos. En septiembre de 1839, en ausencia de Francisco detonó una revuelta en San Salvador. Los rebeldes tomaron como rehenes a Josefa y a su familia para exigir al Jefe de Estado que abandonase su cargo.

Francisco respondió así:
"Los rehenes que mis enemigos tienen en su poder son para mí sagrados y hablan vehementemente a mi corazón; pero soy el Jefe de Estado y mi deber es atacar; pasaré sobre los cadáveres de mis hijos; haré escarmentar a mis enemigos y no sobreviviré un instante más a tan escandaloso atentado..."

El Jefe de Estado atacó a los amotinados que fueron derrotados. En su huida abandonaron a Josefita y sus hijos sin causarles daño. Penosamente para Josefa y los unionistas centroamericanos, los combates continuaron y Morazán dispuso que su esposa y su familia abandonasen El Salvador y se trasladasen a Costa Rica. En Costa Rica reinaba una aparente paz debido al terror impuesto por Braulio Carrillo. A principios de 1840 Doña María Josefa partió hacia ese país, embarcada en la goleta Melanie, una vez más se veía obligada por la historia, a separarse de su amado Francisco. Una vez llegada a Caldera, la Primera Dama de El Salvador escribió al

Jefe de Estado Braulio Carrillo:

"El temor a la Revolución de los Estados de Honduras y El Salvador, me han obligado a abandonar mi país y mucha parte de mi desgraciada familia, para buscar en cualquier punto un lugar donde vivir pacíficamente con el resto de mi familia que he podido traer conmigo; y atendiendo a la paz que goza este Estado, a las buenas circunstancias que lo caracterizan y a los consejos de muchos de mis amigos, me he resuelto a venir a pedir un asilo, segura de que su Gobierno protegerá la inocencia y permitirá internarme al punto que parezca más conveniente a mis circunstancias."[6]

Carrillo le respondió a Doña María Josefa que ella y los suyos podían asilarse en Costa Rica, si aceptaban instalarse en la ciudad de Esparza, población aislada e insignificante, por lo que Josefita rechazó la oferta. Carrillo mantenía el poder a costa de la persecución de la oposición, sin duda tenía sus temores políticos respecto de la presencia de Josefita en San José. Zarpó en la Mela junto con sus hijios e hija, hacia Nueva Granada y se estableció en Chiriquí.

Derrotado Morazán en El Salvador, abandonó ese país en compañía de su hijo José Antonio y de un grupo importante de partidarios. Se reúne con Josefita y su familia en mayo de 1840 en el poblado David, en donde escribió su célebre manifiesto.

Francisco partió hacia Perú en agosto de 1841, acompañado de varios de sus colaboradores, mientras Josefa permanecía en David junto a su numerosa familia. Morazán buscaba formar una nueva expedición hacia Centroamérica. A inicios de 1842 lograba regresar haciendo escala en Chiriquí para reencontrarse con los suyos. Continuó su viaje hacia El Salvador, pero su gesta no tuvo eco en esa nación y retornó a Costa Rica, desde donde había recibido numerosas y urgentes peticiones de ayuda, llegando a ese país el 7 de abril de 1842.

Tras El pacto del Jocote efectuado en Alajuela el 11 de abril de 1842, entre Francisco Morazán y Vicente Villaseñor (a quien el Jefe de Estado Braulio Carrillo había enviado con 700 hombres para rechazar la invasión de Morazán) el ejército de Villaseñor se unió —sin combatir— con el de Morazán, pro-clamándolo como nuevo jefe de Estado de Costa Rica.

Morazán entró triunfalmente a San José y el 12 de abril de 1842 [7] asumió la Jefatura de Estado.

Al poco tiempo Josefita, que se encontraba en David, se informó sobre el nuevo estatuto de Morazán como nuevo gobernante de Costa Rica, se convertía así, a los 49 años de edad, en la nueva Primera Dama de ese país. Un barco fletado para retornarla a Costa Rica hizo posible que la familia Morazán Lastiri se reuniera.

El temor a la Revolución de los Estados de Honduras y El Salvador, me han obligado a abandonar mi país, y mucha parte de mi desgraciada familia, para buscar en cualquier punto un lugar donde vivir pacíficamente con el resto de mi familia que he podido traer conmigo; y atendiendo a la paz que goza este Estado, a las buenas circunstancias que lo caracterizan y a los consejos de muchos de mis amigos, me he resuelto a venir a pedir un asilo, segura de que su Gobierno protegerá la inocencia y permitirá internarme al punto que parezca más conveniente a mis circunstancias.

> *"Los rehenes que mis enemigos tienen en su poder son para mí sagrados y hablan vehementemente a mi corazón; pero soy el Jefe de Estado y mi deber es atacar; pasaré sobre los cadáveres de mis hijos; haré escarmentar a mis enemigos y no sobreviviré un instante más a tan escandaloso atentado..."*

La popularidad de Morazán fue socavada eficazmente por los conservadores. Josefita encaró la nueva relación amorosa entre Francisco y la salvadoreña Teresa Escalante y Ocampo, casada con el británico William Freer Risk, de donde nació una nueva hija de Morazán: María Ester de los Dolores Freer Escalante.

No habían transcurrido ni cinco meses cuando, el 11 de septiembre de 1842, se sublevaron los pueblos de San José y Alajuela, con la justificación de querer evitar la guerra contra Nicaragua. En la capital la lucha fue sangrienta. Se cree que los muertos excedieron a los cien y los heridos a doscientos.

Josefita y su hija Adela, de cuatro años, se encontraban al lado de su esposo y padre, en el cuartel Josefino. Salieron de allí para tratar de refugiarse en la casa de la familia Escalante en medio de una tormenta de proyectiles. Cayeron en poder de los sublevados y fueron conducidas a la casa de Antonio Pinto Soares, uno de los caudillos de la insurrección. Entonces estuvieron a punto de ser fusiladas.

Más tarde, madre e hija fueron depositadas en custodia del presbítero Don José Julián Blanco y Zamora, y por último el acaudalado cafetalero y comerciante Rafael Moya Murillo les ofreció hospitalidad.

Morazán, en una acción de extrema audacia, con la ayuda de Cabañas y Villaseñor, logró romper la línea de los sitiadores logrando salir de la población. Se dirigieron hacia Cártago, a casa de quien consideraban un amigo: Pedro Mayorga. Lejos estaban de sospechar que aquel traidor lo entregaría a sus opositores. Al día siguiente fue conducido de regreso a la capital, donde fue fusilado a las seis de la tarde, entre la expectación popular y el doloroso silencio de sus seguidores[8].

Los sublevados carrillistas querían asesinar a Josefita y sus hijos. A Morazán solo pudo acompañarle su primogénito Francisco Morazán Moncada.

Fueron heridos y detenidos: Cabañas, Barrios, Rascon, Orellana, González Zepeda (Manuel), García del Río, dos señores Pintos de San Salvador, Francisco Morazán, hijo del ex Presidente, Angulo, doctor Mendez, Vigil, Cruz Lozano, Estéban Travieso y otros muchos. [9]

Josefita se informó del fusilamiento de su esposo una semana después de los hechos, quien al conocer la noticia sufrió dolorosas convulsiones y llanto sin tregua. [10]

Su vida con Morazán la coloca a la par de otras grandes mujeres de su tiempo: Juana Azurduy [11], Manuela Sáenz [12], Bartolina Sisa [13], Gertrudis Bocanegra [14], Luisa Cáceres [15], Policarpa Salavarrieta [16], Micaela Bastidas [17], Dolores Bedoya de Molina, que son claro ejemplo de la participación femenina en el proceso de la independencia y de la integración de América Latina.

Permaneció un tiempo en Heredia, protegida por el anti carrillista Moya. Meses más tarde se trasladó a El Salvador en la goleta Coquimbo. El 12 de diciembre desembarcaba en el puerto de La Unión para establecerse en Cojutepeque, en la pobreza. Los bienes heredados de sus padres y de los Travieso se prodigaron en las campañas de Morazán. Josefa Lastiri de Morazán murió en San Salvador en 1846, a los 54 años de edad. [18]

Notas:

[1] Castañeda, Elvia. *La batalla del amor, María Josefa Lastiri*, Tegucigalpa, 1992. Esta es una biografía laudatoria.

[2] *Las Primeras Damas de Costa Rica*. Documento fotocopiado obtenido gracias a la generosidad del historiador Oscar Soriano.

[3] Mejía Nieto, Aturo. *Morazán Presidente de la desaparecida República Centroamericana*, Editorial Nova, Buenos Aires, 1ª ed., 1947

[4] Ibem, pp 88

[5] Guier, Enrique. *El General Francisco Morazán*, San José, Editorial Stvdivm, 1ª. Ed. 1982, pp 13

[6] Cáliz Suazo, Miguel. *La posteridad nos hará justicia*. Ediciones Guardabarranco, 2002. Vol IV.

[7] http://www.tiquicia.org/pds/pd/13-XIII.htm

[8] *Wilson, Baronesa de América de fin de siglo*. Ed Soler y Llach, Barcelona 1897

[9] Montúfar, Lorenzo. *Centro América*. http://www.archive.org/stream/reseahistoric04loreguat#page/n7/mode/2up

[10] Montúfar, Lorenzo. *Centro América*. http://www.archive.org/stream/reseahistoric04loreguat#page/n7/mode/2up

[11] Juana Azurduy de Padilla, 1780-1860, heroína de la independencia del Alto Perú, actual Bolivia. En 1802 contrajo matrimonio con Manuel Ascencio Padilla, con quien tendría cinco hijos. Tras el estallido de la revolución independentista el 25 de mayo de 1809, Juana y su marido se unieron a los ejércitos populares, creados tras la destitución del virrey y al producirse el nombramiento de Juan Antonio Álvarez como gobernador del territorio. Juana colaboró activamente con su marido para organizar el escuadrón que sería conocido como Los Leales, el cual debía unirse a las tropas enviadas desde Buenos Aires para liberar el Alto Perú. Durante el primer año de lucha, Juana se vio obligada a abandonar a sus hijos y entró en combate en numerosas ocasiones, ya que la reacción realista desde Perú no se hizo esperar. La Audiencia de Charcas quedó dividida en dos zonas, una controlada por la guerrilla

y otra por los ejércitos leales al rey de España.

[12] Manuela Sáenz y Aizpuru o Sáenz de Thorne, también llamada Manuelita Sáenz; 1793-1859. Patriota ecuatoriana. Esposa del doctor J. Thorne (1817), se convirtió en la amante de Bolívar (1822), al que acompañó en todas sus campañas y al que, en una ocasión, salvó la vida (1828), lo que le valió el apelativo de Libertadora del libertador.

[13] Bartolina Sisa, guerrera aymara y ancestral boliviana, nació en 1753 (hay otra versión que dice que nació en 1750). Pudo ver los atropellos que se cometían con las poblaciones indígenas. Dedicó su vida a luchar contra la opresión de los colonizadores, buscando la libertad y una vida digna para sus hermanos indígenas. Se casó con Tupak Katari, un joven aymara que compartía la misma convicción ante la contingencia que vivían. Se unen a Túpac Amaru y a su esposa Micaela Bastidas, dos guerreros incansables, en busca del mismo propósito de libertad para sus pueblos y que lideraban el grupo de los quechuas. Estalla la insurgencia aymara-quechua y en 1781 Túpak Amaru es proclamado Virrey del Inca y Bartolina Sisa es elegida Virreina.

[14] Gertrudis Bocanegra, 1765-1817. Hija de los españoles Pedro Javier Bocanegra y Felicia Mendoza, se casó con Pedro Advíncula de la Vega, soldado del regimiento provincial. En su matrimonio procreó cuatro hijos. Organizó una red de comunicaciones mientras su hijo y su esposo se incorporaron al ejército insurgente en las filas de Manuel Muñiz, que a su vez, se incorporó con su tropa al ejército comandado por Miguel Hidalgo a su paso para Guadalajara tomando parte en la batalla de Puente de Calderón. Su esposo y su hijo, sucumbieron en batalla. Fue enviada a su natal Pátzcuaro para organizar las fuerzas insurgentes y facilitar la entrada a su ciudad. Fue apresada y sufrió interrogatorios para que delatara a sus compañeros. Sujeta a proceso fue sentenciada y fusilada al pie de un fresno de la plaza mayor, hoy Vasco de Quiroga, el 11 de octubre de 1817.

[15] Luisa Cáceres de Arismendi, Heroína de la Guerra de Independencia de Venezuela, 1779 –1866. Su padre, Domingo Cáceres, y su hermano Félix fueron asesinados por los realistas en la población de Ocumare en 1814, por lo que tuvo que emigrar con el resto de su familia a Isla Margarita, donde contrajo matrimonio con el general Juan Bautista Arismendi. Al año siguiente, fue detenida por las autoridades españolas con el propósito de presionar a su esposo Arismendi, quien desarrollaba una feroz campaña contra las fuerzas españolas. Sin embargo, el gobernador de Isla Margarita, el español Joaquín Urreiztieta, no consiguió nada ni de ella ni de su marido por lo que Luisa permaneció en la prisión de la fortaleza de Santa Rosa -donde tuvo a una niña que murió en el parto- hasta que fue tras-ladada a la fortaleza de Pampatar, de allí a La Guaira y finalmente a España (1816), donde también fue víctima de presiones para que renegara de sus ideas republicanas. Sin embargo, nunca abandonó sus ideales independentistas. Una vez en libertad, regresó a Venezuela en 1818 y continuó apoyando las ideas de libertad y soberanía del pueblo americano. Vivió en Caracas hasta su muerte. En reconocimiento a su lucha por la independencia de Venezuela, sus restos fueron sepultados en el Panteón Nacional en 1876.

[16] Policarpa Salavarrieta, 1793(?)-1817. Esta heroína colombiana, patriota, amante

de la libertad usó nombres, salvoconductos y pasaportes falsos, se empleó como doméstica para espiar y facilitar emboscadas de la guerrilla, conspiró contra los realistas, ayudó a organizar destacamentos militares de apoyo a Simón Bolívar... Fue arrestada junto a Alejo Sabaraín, cuando intentaba fugarse con otros compañeros al Casanare, fue el hecho que permitió la captura de la Pola, pues éste tenía una lista de nombres de realistas y de partriotas que la Pola le había entregado. Hasta ese momento, Policarpa había podido pasar desapercibida y moverse con gran libertad por la ciudad. El sargento Iglesias, principal agente español en la ciudad, fue comisionado para encontrarla y arrestarla. La Pola fue detenida con su hermano en la casa de Andrea Ricaurte y Lozano. Inmediatamente fue reducida a calabozo en el Colegio Mayor del Rosario. Un consejo de guerra la condenó a muerte el 10 de noviembre de 1817, junto con Sabaraín y otros patriotas.

[17] Micaela Bastidas, 1745-1781. Esposa de Túpac Amaru II (José Gabriel Condorcanqui, 1738-1781) y su compañera en la rebelión que encabezó en Perú. Fueron ejecutados el mismo día, con la menos conocida Tomasa Condemayta, capitana de un batallón de mujeres que ganó batallas a las fuerzas españolas.

[18] Otras Fuentes webliográficas consultadas:
1. http://es.wikipedia.org/wiki/Mar%C3%ADa_Josefa_Lastiri_Lozano
2. http://en.wikipedia.org/wiki/Mar%C3%ADa_Josefa_Lastiri
3. http://es.wikipedia.org/wiki/Francisco_Moraz%C3%A1n
4. http://es.rodovid.org/wk/Persona:111366
5. http://www.angelfire.com/ca5/mas/mor/mor010.html
6. http://www.historiadehonduras.hn/heroesyproceres/morazan.htm
7. http://www.sellosmundo.com/America/Honduras/sello_54478.htm
8. http://www.ihah.hn/FILES/PlanInterpretativoMuseo_CasadeMorazan..pdf
9. http://www.datuopinion.com/maria-josefa-lastiri-lozano
10. http://www.mcnbiografias.com/app-bio/do/show?key=morazan-francisco
11. http://www.latribuna.hn/2009/10/06/el-excelso-hijo-de-la-villa/
12. http://www.historiadehonduras.hn/presidentes/franciscomorazan.htm
13. http://es.scribd.com/doc/56588268/Documentos
14. http://www.angelfire.com/ca5/mas/mor/mor019.html
15. http://www.hechoshistoricos.es/html/eventos1792.html
16. http://translate.googleusercontent.com/translate_c?hl=es&prev=/search%3Fq%3D1792%26hl%3Des%26biw%3D969%26bih%3D138%26prmd%3Dimvns&rurl=translate.google.hn&sl=en&twu=1&u=http://www.brainyhistory.com/years/1792.html&usg=ALkJrhiDW-AlXP6sBCOWdlLS3hkVyEsCKA
17. http://www.ecured.cu/index.php/Francisco_Moraz%C3%A1n
18. http://es.wikipedia.org/wiki/Francisco_Moraz%C3%A1n
19. http://www.angelfire.com/ca5/mas/mor/mor014.html

LA INFANCIA DE VUELTA

De Melissa Cardoza
Para Sol de la Rivera

Tuve infancia en el campo. Recuerdo de entonces los viajes en carreta de bueyes donde chiquita dejaba los encajes de mis calzones de "repollo" en las astillas de la caja donde nos sentábamos. Por puro gusto a veces nos traía de vuelta de la escuela un vecino que tenía una yunta de bueyes, con él también viajaba un hijo suyo, pequeño y para entonces ya trabajador. Íbamos todas y todos a la misma escuela, es decir yo, que era hija de un maestro y me podía permitir botas de hule con dibujito de caballo para los meses de lluvia que eran muchos; como el niño yuntero que siempre iba descalzo.

A él y a mí nos enseñaba la profesora con colores, mapas y piedrecitas, todo en español, porque en ese entonces no se creía indispensable más que hablar la lengua colonial para tener una vida buena. En mi aula, también habían niñas con la piel manchada por el sol, el pelo amarillo, somnolientas. Luego, cuando fui maestra, supe que se dormían por falta de alimentación, por ir a la escuela con un guineo asado en el estómago como alimento único.

Las niñas y niños del campo por estas tierras no son infelices por serlo, al contrario, muchas veces sus vidas campesinas corren apasionadamente por ríos y milpas, trabajos que les fortalecen el cuerpo, cerros mágicos, animales y frutas. Tampoco por vivir en un barrio pobre, son necesariamente niñas y niños en riesgo mortal ni mucho menos, a veces se les mira con admiración por su autonomía y su capacidad de resolver la cotidianidad que tanto les cuesta a las niñas y jóvenes que viven bajo el yugo del control familiar, que de protegerles les vuelve disminuidos mentales y físicos.

Es la miseria a la que la riqueza les condena, que convierte esta infancia en dolorosa, explotada e injusta. De ahí que ahora les hace cruzar las fronteras en condiciones de peligro, enrolarse en grupos armados, exponer su cuerpo cotidianamente a la violencia.

Con el advenimiento de la idea que la familia es un núcleo cerrado y no esa tribu de gente diversa que comparte gestos, crianza común, bosques o campos, cuerpos y modos de amar, las niñas y niños se han convertido, también, en un artículo privatizado. Así se explica que una madre o un padre, tía, abuelo o madrinas, hacemos esfuerzos titánicos por los menores de casa, pero no le dirigimos la palabra o la mirada a una niña en la calle, o nos toca -muy de lejos- el encierro de un cipote de cualquier lugar del mundo en una cárcel migratoria.

De ahí que la suerte infantil, en esta *Era del despojo*, estará determinada por el mayor o menor éxito de los adultos que le rodeen y con quienes comparta plaquetas, y a quienes indudablemente tendrá que pagarles su tributo. Así se definirá su alimentación, privacidad, salud o enfermedad, esperanza de vida, opciones de juego y conocimiento, relaciones amorosas y de trabajo, para no decir felicidad, que esa se supone viene incluida.

Urge desprivatizar la infancia, en la misma medida en que se lucha por la libertad de los ríos, las montañas, la educación laica, el derecho de las mujeres a decidir sobre su cuerpo.

Ahora que las pequeñas y pequeños migrantes hondureños están de vuelta (o son devueltxs por los señores del norte de México) me pregunto sobre qué significa ser niña y niño. En la televisión se les ve en una base militar, o rodeados de hombres armados. Porque el señor que desgobierna estas tierras con plenos poderes, y que tiene *verdioliva* la imaginación (y todo lo demás), ha decidido crear una "fuerza de tarea" para rescatarles.

Una ya sabe cómo terminan estas historias de emergencia en el país. A nombre de las carencias de las niñoas y niños, se obtiene el dinero, con el que construyen las mansiones los ladrones instituidos democráticamente en Honduras.

Pero lo más grave, es que la militarización les ha puesto en el centro, de tal modo que los batallones se han convertido en sus destinos de aprendizaje, y la ideología militar en la *guardiana* de sus valores. Si como todo lo demás que es vital en este país, dejamos que las y los niños se queden bajo resguardo militar, estaremos renunciando a nuestro propio sentido de la existencia colectiva.

Las niñas y los niños producen emociones poderosas por su propia existencia, igual que los animales cachorros o los brotes de helecho. Evocan a la vida en su esperanza, en su fuerza y belleza. No es posible que se los dejemos a quienes representan la ética de la muerte y los intereses del mal vivir humano, que según sea el caso que se les ordene, igual asesinan a otros niños y niñas en tierras lejanas y cercanas.

Con poco recurso y excesiva imaginación y energía que aflora en los casos de necesidad a lo cual estamos acostumbradas en Honduras, se nos puede ocurrir más de una manera de acompañar a esta infancia que nos devuelven como mercancía dañada, y a la cual le debemos su dignidad y la nuestra.

No hay tal necesidad de millones de dólares o de enormes programas burocráticos sin futuro; no requerimos lineamientos internacionales, títulos pomposos ni designios sagrados. Necesitamos nuestra autonomía como personas, eso sí.

La infancia hondureña está donde siempre, donde estuvo la nuestra: nos rodea, brinca, imagina y sufre cerca de nosotros en el vecindario, en los caminos, en las calles, en los mercados. Está ahí para acompañarles, como mejor podamos, en la búsqueda de su bienestar, de su sentido de pertenencia, de justicia y de la vida como un regalo y no un castigo.

¿Acaso no la vemos?

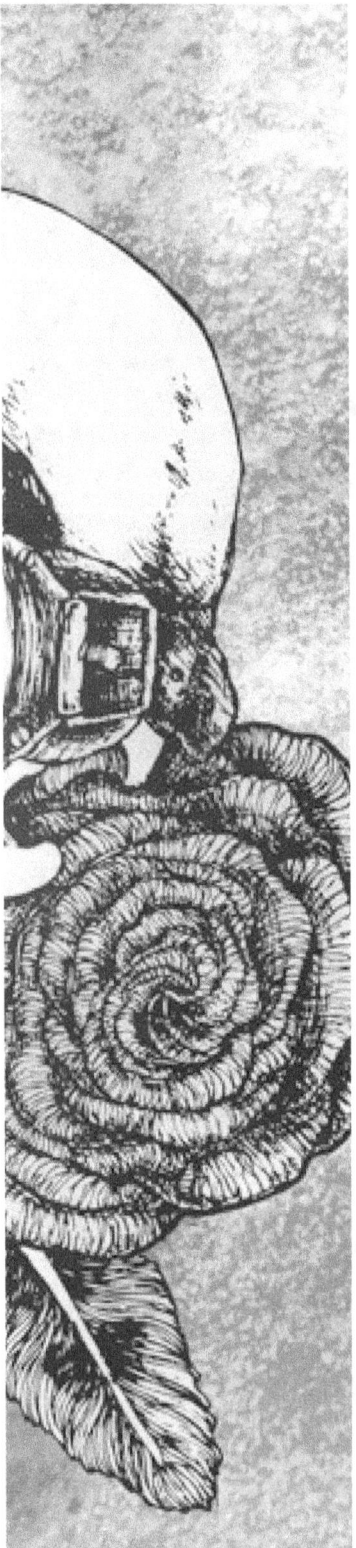

LUCHA POR LA TERRITORIALIDAD

Por Alejandro Durón

En el análisis de la historia reciente del país, no puede dejarse de lado a uno de los sectores más afectados por la conflictividad y la exclusión: la población en el campo. Su lucha permanente por acceder a medios productivos y la confrontación con los grupos de poder local (quienes concentran grandes extensiones de tierra, fundamental para la sobrevivencia de miles de familias en el país) los hace particularmente vulnerables.

La historia de Honduras ha estado marcada por la desigualdad en la tenencia de la tierra. Los mecanismos impulsados por el Estado para generar un proceso de reforma agraria, en la última mitad del siglo XX, fueron producto de la presión ejercida por los campesinos de la costa norte. El gobierno de Villeda Morales, ante el ambiente de descontento y frente a las políticas encaminadas a detener los procesos reformistas (y la amenaza que significaba el modelo cubano para el subcontinente), emitió la Ley de Reforma Agraria en 1962, proyecto que trajo consigo la creación del Instituto Nacional Agrario (INA) y la fundación de la primera organización campesina, el Comité Central de Unificación Campesina: que luego se transformó en la Federación Nacional de Campesinos de Honduras (FENACH).

El golpe de Estado encabezado por el general Oswaldo López Arellano, en octubre de 1963, fue factor importante para que la Ley de Reforma Agraria tuviera poco impacto en la transformación de la estructura agraria y el bienestar de la población campesina.

Ese golpe de Estado, obstaculizó el proceso organizativo del campesinado y a trasformar la estructura de la reforma agraria.

Fue hasta el segundo gobierno golpista de López Arellano, entre 1972 y 1975, que se impulsó el proceso de manera amplia mediante el Decreto 170 de 1974.

El planteamiento de la nueva Ley de Modernización Agrícola (1992) del gobierno neoliberal de Rafaél Callejas Romero, no cumplió con la aplicación del Sistema Nacional de Cajas Rurales de Ahorro y Crédito, el Fondo de Capital Semilla, y la "Reconversión Empresarial Campesina", que según dicha Ley serían los instrumentos ideales para la consolidación de las empresas del sector agrícola reformado.

Los campesinos sin tierra no cambiaron su condición, y la mayoría de las empresas campesinas del sector reformado siguen en peligro de desaparecer. Esta Ley garantizaba el proceso de ventas de

A partir de las peregrinaciones indígenas realizadas en el año 1994, se visibiliza la existencia de los pueblos originarios y su capacidad de lucha y movilización nacional. Con ello se establece un nuevo tiempo político para el movimiento popular.

tierras en beneficio de empresarios terratenientes, que se realizaría de forma manipulada y coactiva con la aquiescencia del Instituto Nacional Agrario.

Así, el Programa de Acceso a la Tierra, (PACTA), nacido en el año 2001, terminó como había sido previsto por algunos especialistas en el tema agrario, aún cuando esta iniciativa se apoyó en una amplia convocatoria de instituciones estatales (INA y SAG), las IFP (Bancos comerciales), CAC y OPDF; las Unidades Técnicas Locales (UTL), el Fondo de Naciones Unidas para la Agricultura y la Alimentación (FAO) y Banco Mundial (BM) que hacían causa común con la Unidad de Gestión de PACTA.

Durante la primera década del presente siglo, a raíz de la falta de soluciones a la situación del campesinado, el conflicto agrario se agudizó, ejerciendo presión sobre el gobierno, básicamente de la administración del Presidente Zelaya Rosales.

En la búsqueda de soluciones se emitió el decreto 18-2008. El Congreso Nacional, al aprobar dicho decreto, consideró las siguientes razones:
a) la necesidad de resolver los conflictos generados por los derechos de ocupación y posesión que sobre la tierra han venido ejerciendo campesinos y campesinas (mora agraria);
b) que la Constitución de la República establece que la reforma agraria es un proceso integral y un instrumento de transformación de la estructura agraria para garantizar la justicia social y desarrollo del país;

c) que Honduras es suscriptora de convenios internacionales que la obligan a dictar y aplicar medidas urgentes para combatir la pobreza, la exclusión social y garantizar la seguridad y soberanía alimentaria y,

d) que la Ley de Modernización y Desarrollo del Sector Agrícola no es el instrumento apropiado para resolver la problemática agraria.

Desde la emisión del decreto 18-2008, la empresa privada (principalmente la antigua enemiga del proceso de reforma agraria: la Federación Nacional de Agricultores y Ganaderos de Honduras, FENAGH) inició una fuerte campaña de deslegitimación en contra del sector campesino y el decreto 18-2008, acudiendo a la fiscalía con el argumento de inconstitucionalidad que fue aceptado y llevado a la corte. Tras el golpe de Estado en 2009, la violencia histórica contra los campesinos se agudizó: el asesinato, el secuestro, las detenciones y torturas han aumentado principalmente en la zona del Bajo Aguán.

La militarización de esa zona ha sido efectiva desde el golpe de Estado, convirtiendo a los campesinos en víctimas del crimen y de campañas mediáticas bien orquestadas en contra de las organizaciones campesinas.

En la lógica de los movimientos sociales en Honduras, los pueblos indígenas y negros, se plantean la defensa de su identidad cultural y su territorio, particularmente la cultura Lenca, pero también, en muchos casos, han participado en la lucha con organizaciones fundadoras de iniciativas

Tras el golpe de Estado de 2009, la violencia histórica contra los campesinos se agudizó; el asesinato, el secuestro, las detenciones y torturas han aumentado

anticapitalistas, antipatriarcales, antirracistas y anticoloniales.

En la actualidad existe una reiterada violación al Convenio 169 sobre Pueblos Indígenas. Los Derechos de Autonomía, Territorios, Cultura y Espiritualidades son violentados sistemáticamente.

Los pueblos indígenas, desde diferentes plataformas alternativas, fundamentan su acción y movilización en la conciencia que significó para esos pueblos el genocidio español, y la larga lucha que siguen sufriendo de persecución, saqueo y asesinato.

Este tránsito ha pasado por diferentes mediaciones institucionales, como la llamada "incorporación" de las comunidades indígenas que en todo el territorio mesoamericano, desde Chiapas hasta Sudamérica, las incluía desdibujadamente como parte de un proyecto nacional en los años sesenta.

Sin embargo, dicha incorporación de los pueblos originarios, no ha sido acorde a las políticas de gobierno, que intentan justificar la conversión al "desarrollo", sino, que ha sido gracias a los emprendimientos privados y empresariales que encuentran una mejor ganancia en la explotación inescrupulosa de las comunidades subordinadas, agudizado el empobrecimiento de la población.

En estas primeras dos décadas del siglo XXI, se han visibilizado otras características culturales de los pueblos originarios (más allá del folclor comercial).

Culturas como la Garífuna han rescatado parte de su herencia y saberes ancestrales, fortaleciendo al mismo tiempo el dominio sobre sus territorios.

A partir de las peregrinaciones indígenas realizadas en el año 1994, se visibiliza la existencia de los pueblos originarios y su capacidad de lucha y movilización nacional. Con ello se establece un nuevo tiempo político para el movimiento popular, tradicionalmente enfrascado en el estrecho margen de la lucha de clases obrera y campesina. Entre las organizaciones destaca el Consejo de Pueblos Indígenas de Honduras COPINH, una organización indígena y popular afincada en los territorios Lencas de Intibucá, Lempira y La Paz, fundada hace veinte años por un grupo decidido a construir propuestas a partir de la identidad del "espíritu indígena en rebeldía".

De la misma forma, la Organización Fraterna Negra de Honduras OFRANEH, es otra expresión de la organización de los pueblos que luchan por los derechos de la población negra. La COPINH organizó el Primer Encuentro Nacional por la Refundación del País y desde entonces se instalaron en colectividades organizadas. Su propuesta Refundacional de Honduras iba a la construcción de un nuevo Pacto o Contrato Social en donde (según la proclama del Encuentro) "no íbamos a aceptar representación ajena, hablaríamos con nuestras palabras y estaríamos en todas las propuestas del pueblo hondureño". La movilización militar posterior al golpe de Estado de 2009, vino a traer a las comunidades rurales la instalación de "Mesas de Seguridad" con el propósito (como en los años ochenta) de mantener reprimidas las poblaciones y fortalecer la vigilancia selectiva.

Pero la militarización contra una posible escalada violenta ha significado un gran desprecio para la población civil, en especial por los pueblos indígenas y sus derechos, particularmente los relacionados a los territorios y los bienes naturales. Un ejemplo lo constituye la participación de fuerzas militares en casos concretos de apoyo a empresas transnacionales que han sido favorecidas con mejores condiciones para explotar los recursos humanos y naturales del país.

El movimiento indígena ha denunciado la ocupación territorial de batallones del ejército y la apertura de nuevas bases militares de los Estados Unidos, en localidades que cuentan con rique-zas de bienes naturales. Inmediatamente después el golpe de 2009, se abrieron más bases militares gringas en la isla de Guanaja, en Karataska, en

Mocorón, cerca de Puerto Lempira y se ha intensificado con el pretexto del narcotráfico, la ocupación del río Patuca y el río Plátano. Igualmente se amenaza con reabrir bases norteamericanas que funcionaron en los años 80 en territorio Lenca. El golpe de Estado de 2009 y el régimen surgido de éste, criminalizó la lucha social y trajo más asesinatos de sus militantes, detenciones arbitrarias, sustracción de documentos, miembros y miembras que han sido golpeados, desalojados y reprimidos, entre otras vejaciones a los derechos humanos.

En enero de 2010, OFRANEH denunció la quema y el saqueo de la Radio Faluma Bimetu, "Coco Dulce", ubicada en la comunidad Garífuna de Triunfo de la Cruz, y responsabilizó a los grupos económicos vinculados a la represión política y al racismo contra el pueblo Garífuna.

En dos ocasiones (05 de enero de 2011 y 12 de abril de 2012) fueron saboteadas las radios comunitarias "Guarajambala" y "La Voz Lenca", que transmiten desde las comunidades de La Esperanza e Intibucá.

Otro ejemplo de persecución contra las organizaciones sociales, fue el caso del incendio de la Escuela Santa Rosita, en San Francisco Lempira, el 10 de marzo del 2011, durante la administración de Porfirio Lobo, en donde se culpó a COPINH del incidente. Por otro lado, se han desarrollado campañas mediáticas cargadas de racismo, criminalización y desprestigio contra el COPINH, a través de medios de comunicación nacional reconocidos como el Canal 10, el Canal 5 y otros; favoreciendo la imagen de desarrollo de las Transnacionales, tales como la empresa de capital extranjero-nacional DESA en la comunidad de Rio Blanco, departamento de Santa Bárbara. A su vez se han utilizado la instancias defensoras de los Derechos de los pueblos indígenas y negros de Honduras, creadas por el Estado para atender las necesidades sociales y velar por el cumplimiento de los convenios internacionales (tal es el caso de la Secretaria de Etnias y los pueblos indígenas) como paraguas para avalar el saqueo y la aprobación de concesión de tierras ancestrales a empresarios nacionales y extranjeros.

El Régimen actual de Juan Orlando Hernandez ha seguido el proyecto de privatizar los recursos naturales que pertenecen a los pueblos originarios. En septiembre de 2010 se otorgaron cuarenta y siete concesiones de ríos, muchos de ellos, ubicados en territorios indígenas y negros, igualmente se han anulado los sistemas de evaluación de impacto ambiental.

Pero la principal denuncia sobre las empresas transnacionales mineras de Honduras (canadienses, estadounidenses y europeas) versa en la concentración de la propiedad sobre el territorio nacional: actualmente son dueñas del 60% del país, que equivale a más de 67307.7 Km². Al paso que vamos, Honduras, pronto dejará de ser de los hondureños y hondureñas y viviremos en un territorio de propiedad privada.

LA GUERRA CONTRA LOS POBRES

Por Adrianne Pine

¿Qué significa seguridad? En Honduras, cuando la gente habla de "seguridad" se refiere a la necesidad de protegerse de la violencia física y normalmente despolitizada (de los asaltos, asesinato, robos, femicidios), todo lo que se entiende como "la inseguridad." No se puede negar que el derecho a vivir sin violencia física es un aspecto importante de la seguridad. Pero existen muchas otras formas de seguridad e inseguridad que solemos olvidar al enfocarnos únicamente en la cuestión de la violencia física.

Por ejemplo, podemos hablar de la seguridad alimentaria, de la seguridad de salud (tanto protección contra peligros a la salud como acceso a servicios), de la seguridad de tener una educación de calidad, de la seguridad de tener un pedazo de tierra para cultivar, de la seguridad laboral y de la seguridad de poder opinar y luchar para lograr y proteger los derechos. No se puede desligar la ausencia de todos estos aspectos de la seguridad, con la violenta inseguridad que se vive hoy día en Honduras. Pero el enfoque único en los medios sobre la violencia física nos predispone a echar la culpa de la inseguridad, a la cultura hondureña y a los pobres, no al sistema neoliberal que les ha privado de todo tipo de seguridad, ni a los que benefician de ello.

El filósofo francés Michel Foucault (1926-1984) escribió sobre un cambio en el ejercicio del poder estatal con la transición de monarquías a estados-naciones con democracia electoral. Mientras en el viejo sistema, se justificaba en el monopolio de la violencia que ejercía el Estado por ideas religiosas sobre el Derecho Divino de los reyes, en la actualidad —según Foucault— la ciencia es la ideología que justifica ese mismo monopolio. Por medio de la ciencia moderna, con base en las estadísticas, se logró construir la idea de "una población". Al convertir (mediante la ciencia) una diversidad de pueblos y personas en una población y nación, el nuevo estado "democrático" hizo posible también monitorear y mejor subjugar esa misma población. La construcción "científica" de una población hizo posible crear un sujeto (siempre en masculino) promedio e ideal, a la vez creando una justificación

31

para estigmatizar y hasta criminalizar a las y los ciudadanos que quedaron fuera de esa norma. A ese nuevo sistema de control le llama biopoder. Otro aspecto de esa transformación, según Foucault, es que la gente empieza a auto-controlarse, internalizando los mecanismos muchas veces invisibles (y sin embargo omnipresentes) de monitoreo estatal. Así, en teoría, se logra crear una población dócil y apta para laborar en beneficio de los poderosos, sin que los gobernantes tengan que utilizar su monopolio de la fuerza violenta en contra de la ciudadanía.

Obviamente, el modelo teórico de Foucault no aplica muy bien en Honduras, ni en muchos otros lugares fuera de Europa y Estados Unidos -y a lo mejor ni siquiera allí-. En Honduras, aunque prevalece el discurso de la democracia moderna, el Estado no ha dejado a un lado la violencia extrema como mecanismo básico para controlar al pueblo. Se puede entender el modelo de dominación estatal en Honduras como un tipo de híbrido entre el Derecho de Reyes y el biopoder. Asumiento que el ejército hondureño existe con el propósito de someter al pueblo al servicio de la oligarquía y que la policía es principalmente una fuerza represora y no protectora (sin hablar de la policía militar, los Tigres y demás fuerzas creadas en los últimos dos años) debemos afirmar además que la ciencia, como ideología, juega un papel muy fuerte en el control de los pueblos de Honduras. El biomonitoreo de la población por medio de mecanismos como los censos, encuestas de hogares, índices de criminalidad y los archivos que mantienen de gente que recibe servicios públicos (educación, servicios de salud, etc.), ayuda a construir un discurso moral sobre "el pobre" (promedio). El resultante discurso político, disfrazado de ciencia, se repite en los medios, en el congreso, en las calles, y hasta en los hogares de lxs

pobres, quienes internalizan la idea de que la inseguridad nacional es culpa suya por ser moralmente (y hasta biológicamente) inferiores, pues así lo dijo la ciencia.

¿Qué significa todo esto para la seguridad de Honduras? Pues la combinación de la represión violenta contra el pueblo rebelde, con la internalización de culpabilidad por parte de los reprimidos, ha sido necesaria para que el Estado reemplace la idea de la seguridad positiva (educación, salud, acceso a recursos naturales, dignidad laboral, democracia) con un concepto negativo de seguridad (protección contra la violencia física extrema). La exclusión de ciertos cuerpos humanos de los espacios privatizados (como los "barrios seguros") y de "libre comercio" (como los ZIPs, y pronto los ZEDEs) caracteriza la seguridad neoliberal.

Por ejemplo, cuando se habla de seguridad en el lugar del empleo, no se entiende como la seguridad laboral del

El mapeo con GPS de territorios como la Mosquitia, financiado por el departamento de defensa estadounidense, pone en mayor riesgo a lxs habitantes de esas zonas indígenas, criminalizados bajo la lógica de guerra por geografía.

empleado (contra el jefe y/o el dueño) sino, como la seguridad del jefe, que se ve amenazado por los empleados, o la seguridad de los empleados y sus clientes (estudiantes/pacientes/etc.), amenazados por los pobres de afuera o por los mismos compañeros de trabajo. Las tecnologías del biomonitoreo ayudan a los obreros a internalizar y normalizar el control que ejercen los jefes (y en la última instancia, el Estado) sobre ellos. Otro ejemplo, con el uso de los lectores de huellas digitales, las y los obreros se acostumbran a someterse a un régimen de biocontrol, entregando información personal que puede ser compartida entre diferentes entes poderosos (laborales, estatales, penales, etc.) para mejor monitoreo. El control informático que disfrutan los poderosos sobre los ciudadanos se convierte en otro tipo de control y subyugación. En lo más práctico, desprofesionaliza a las y los trabajadores, quienes se ven biológicamente obligadxs a restringir sus movimientos y su poder decisivo, lo que daña a la autonomía humana, ya sean obrerxs de maquila o docentes universitarios. Hay otros mecanismos de "bioseguridad laboral" más dramáticos aún, como el implante subcutáneo del chip RFID, que se ha usado por más de una década para monitorear los movimientos de lxs obrerxs en pro de la "seguridad" del centro laboral.

Cuando la seguridad se vuelve negativa y se justifica con la biotecnología y la ciencia estadística, significa la pérdida del concepto positivo de seguridad basada en la justicia. Ahora la "seguridad" trata de controlar a las personas, que son a su vez excluidxs y culpadxs por la "inseguridad" de la sociedad.

Así que, en vez de invertir en personal médico, en el Hospital Escuela Universitario se invierte en guardias de seguridad; en la Universidad Nacional Autónoma de Honduras (UNAH), en vez de pagar un salario justo a lxs empleadxs, se ataca a los sindicatos y a lxs estudiantes, construyen grandes muros y contratan a la Empresa de Seguridad Privada del Aguán para patrullar dentro de la Cuidad Universitaria.

Esta lógica no es propia de lxs hondureñxs. Corresponde al modelo neoliberal que promueve la privatización, estigmatizando y, hasta criminalizando (con leyes como la "Ley Anti-Maras" del 2003 y la "Ley Antiterrorista" del 2010) a todxs lxs que se le oponen o retan su lógica.

Esta "seguridad" neoliberal, que se define como el acto de excluir personas peligrosas (gente pobre y subyugada, etiquetada como terroristas, mareros, narcotraficantes, "ilegales" etc.) de espacios y crear así naciones "seguras", corresponde también a la llamada "Guerra Contra el Terrorismo", que en América Latina es inseparable de la "Guerra Contra las Drogas", ambas con origen y financiamiento estadounidense.

En las fronteras se nota la biotecnología de la exclusión. Las máquinas de "seguridad" en los aeropuertos y en otros lugares fronterizos que exponen y a veces invaden nuestros cuerpos (desnudándonos y grabando nuestros datos biológicos para fines no definidos), demuestran que la "seguridad" actual es producto, no sólo del estado neoliberal sino también del imperialismo, en este caso estadounidense, que monitorea e intenta controlar el flujo de personas que desde el sur van hacia el norte, en el nombre de la "seguridad", mientras el capital viaja libremente.

Estas tecnologías fronterizas, que son de guerra, pues fueron introducidas como parte de la guerra contra el terrorismo, son complementadas por otras que también monitorean a las poblaciones criminalizadas *en situ*. Entre estos se puede incluir los drones, pequeñas máquinas voladoras sin piloto operados por control remoto.

Los drones de monitoreo llevan cámaras y pueden ser armados en cualquier parte del mundo. Han sido utilizados por el gobierno de Obama para cometer asesinatos extrajudiciales en muchos países, entre ellos Pakistan y Yemen. Existen pruebas definitivas de drones que han sido enviados desde los EUA para monitorear el territorio hondureño. Y consecuentemente, también a las personas que, en muchos casos, viven bajo la amenaza diaria de la militarización.

El mapeo con GPS de territorios como la Mosquitia, financiado por el Departamento de Defensa Estadounidense, pone en mayor riesgo a lxs habitantes de las zonas indígenas, criminalizadas bajo la lógica de guerra por geografía.

En 2012, los agentes de la DEA asesinaron desde un helicóptero a cuatro indígenas en nombre de esa guerra. No se han responsabilizado a ninguno de los dos gobiernos involucrados. Con la intensificación de la guerra en la Mosquitia (y con el número creciente de marinos estadounidenses en la área) es muy probable que se haga uso de drones de ataque contra los pobladores de la zona. Todo en el nombre de la "Seguridad".

Según el antropólogo David Vine, en su libro recientemente publicado sobre las bases militares estadounidenses al rededor del mundo, existen en Honduras las siguientes bases e instalaciones militares extranjeras:

1. Soto Cano
2. Caratasca
3. Guanaja
4. La Venta
5. Puerto Castilla
6. Mocorón
7. Aguacate
8. Puerto Lempira
9. La Brea
10. Zona de salto de Tamara.
11. Polígono de tiro de El Zamorano
12. "Centro de Pruebas de Regiones Tropicales" (TRTC) con pista de aterrizaje en una base hondureña cerca de Mocorón.
13. Instalaciones construidas para un entrenamiento militar en Naco, Cortés.
14. Otra posible instalación en Trujillo (aparte de la base en Puerto Castilla).

La ocupación militar-imperial de Honduras por fuerzas armadas extranjeras, no sólo representa un agravio a la soberanía hondureña, sino, que la imposibilita por completo a asumir una postura distinta en el tema de seguridad. Crea inseguridad en todas las comunidades afectadas, que experimentan la violencia que siempre acompaña la ocupación militar, en particular violencia de género. Ayuda a imponer la seguridad negativa, con la lógica del neoliberalismo y de la guerra, en lugar de una seguridad positiva, de educación, salud y derechos democráticos.

Desde el 2009, la seguridad, utilizando ambas definiciones (la neoliberal y la positiva) ha empeorado dramáticamente en Honduras. Esto es resultado directo del golpe de Estado de 2009 que fue llevado a cabo con el fin de perfeccionar el modelo neoliberal en el país. Para eso, fue necesario destrozar cualquier resto de seguridad positiva y democrática que pudo haber impedido el comercio totalmente libre. Se utilizó la lógica y las herramientas de guerra, el respaldo del imperio y la fuerza ideológica de los medios de comunicación, para efectuar una inseguridad tan violenta y dramática, que el pueblo olvide que la seguridad puede —y debe— significar (además) otras cosas.

Los golpistas se benefician enormemente de la inseguridad, pues esta no sólo impide que el pueblo se organice, sino que enriquece a los empresarios de la industria de la inseguridad (compañías de seguridad privada, proveedores de tecnología de exclusión y represión).

Por eso, ahora más que nunca, es necesario imaginar la seguridad más allá de lo que posibilita el marco estatal/capitalista y organizarse para construirla. Sólo retando y desmantelando, de forma colectiva, la lógica neoliberal de la inseguridad, podemos empezar a construir una seguridad verdadera.

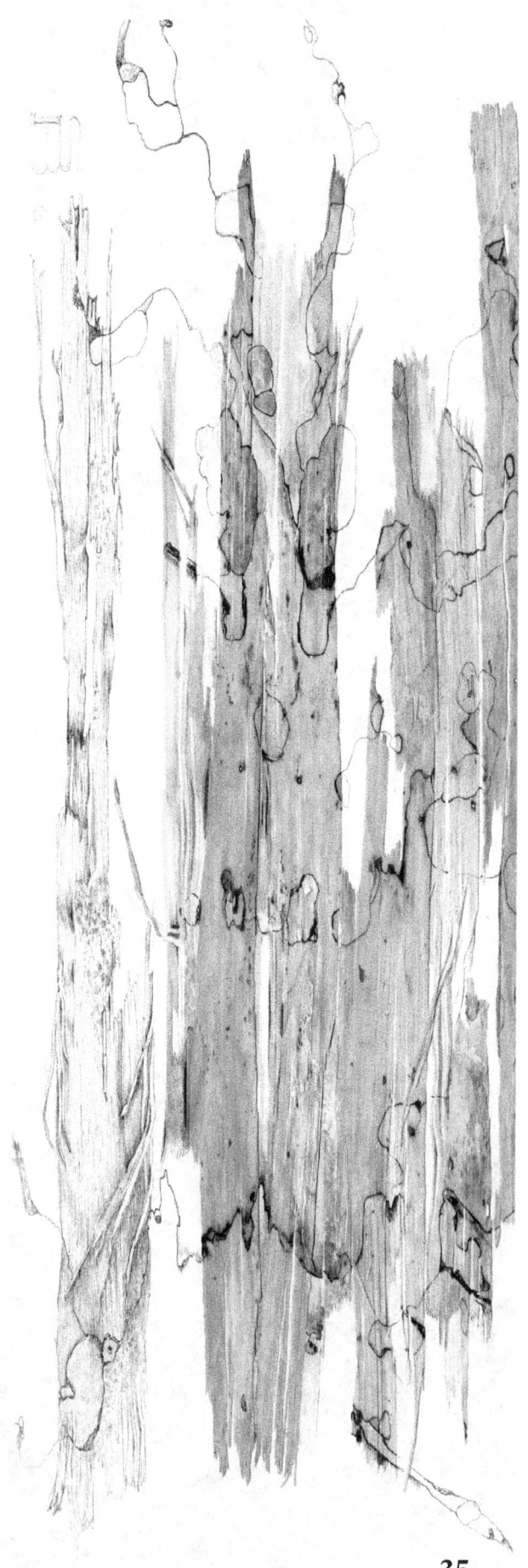

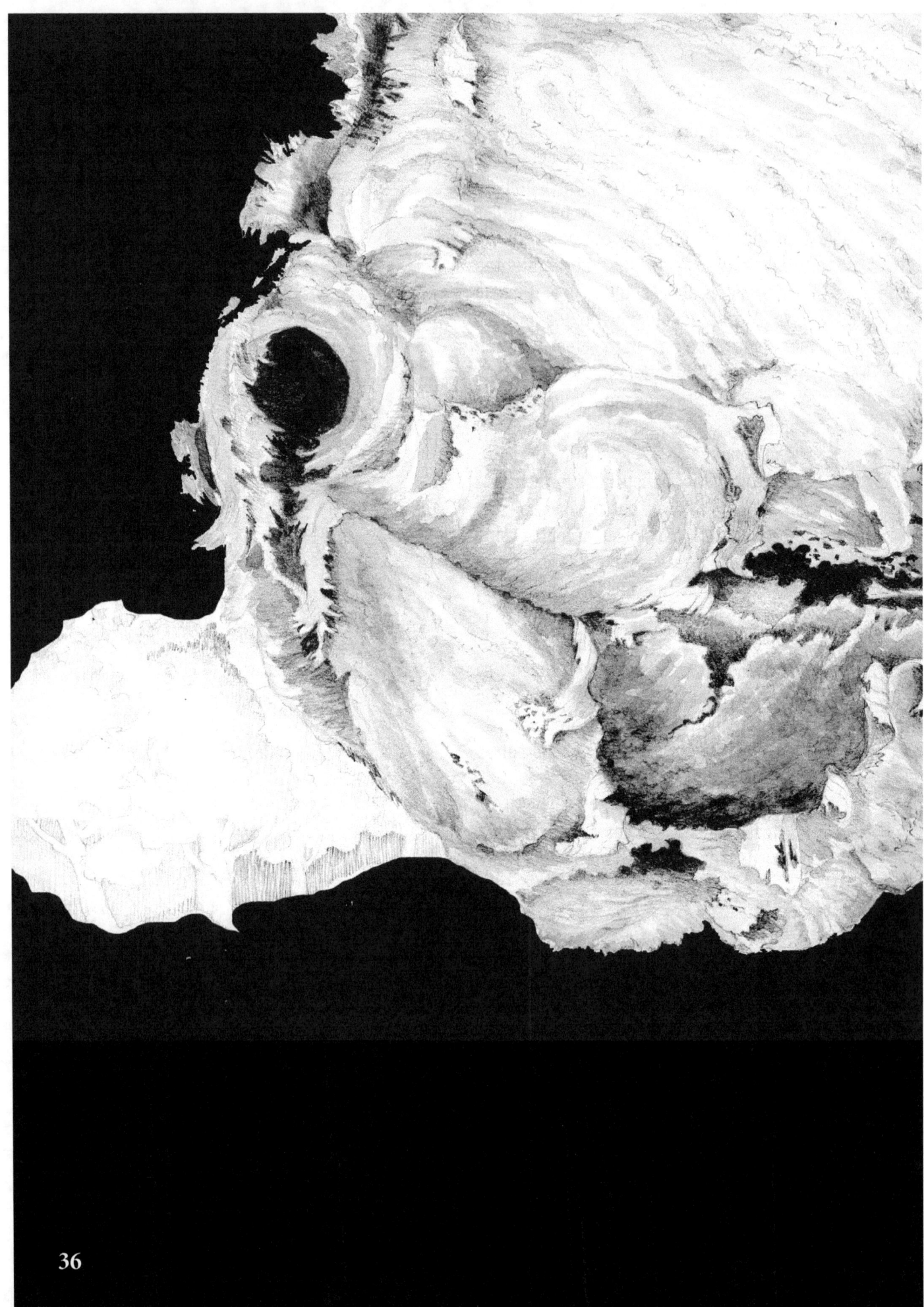

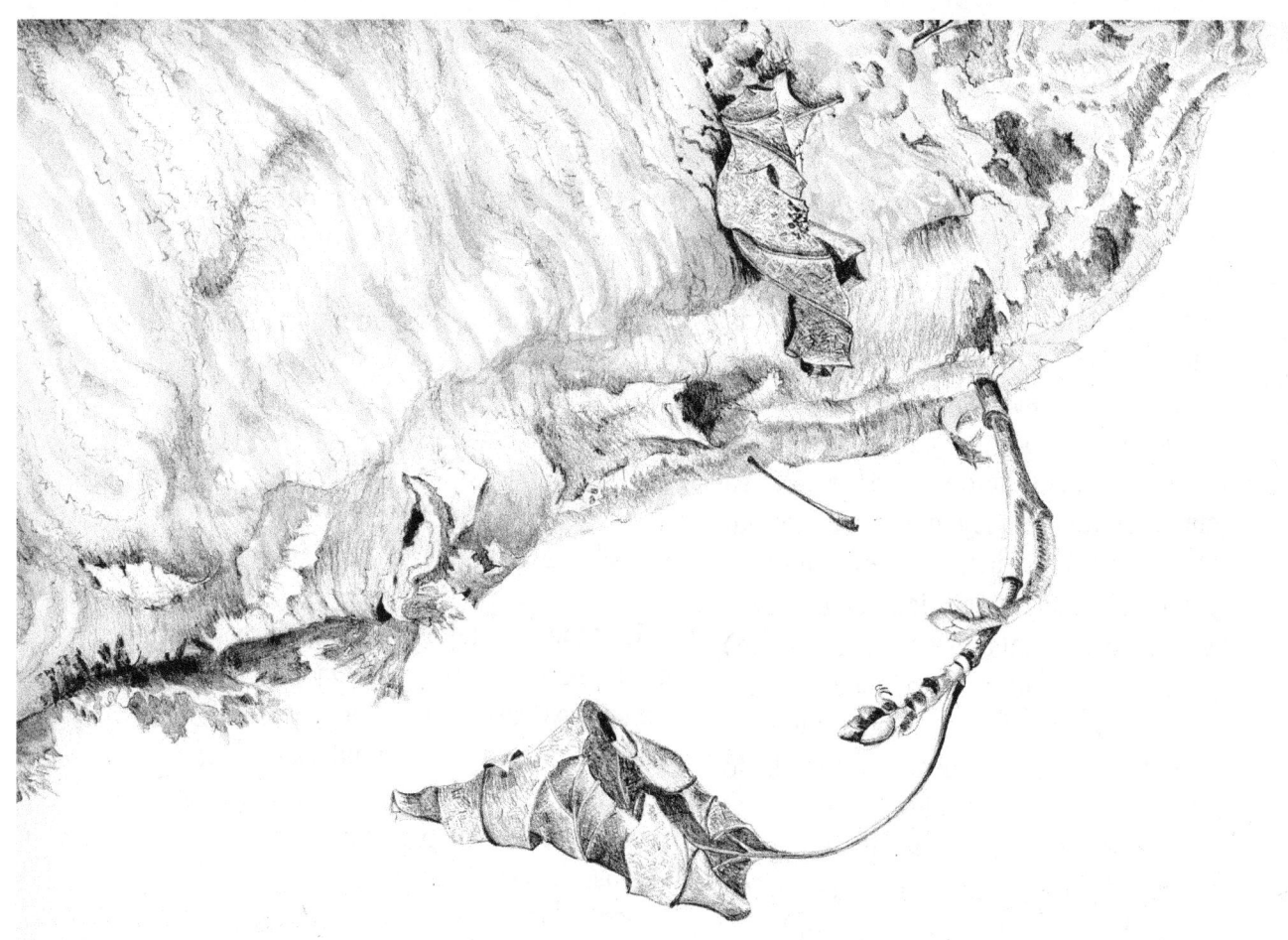

EL ESTADO CANÍBAL
(Parte 1)

Canibalismo: costumbre humana de comer o
alimentarse de miembros de la propia especie.*

Por Fabricio Herrera

Max Weber, definió en su libro *El político y el científico* (1919),
al Estado moderno como una "asociación de dominación con
carácter institucional que ha tratado, con éxito, de monopolizar
dentro de un territorio la violencia física legítima como medio
de dominación y que, a este fin, ha reunido todos los medios materiales en
manos de sus dirigentes y ha expropiado a todos los funcionarios estatales
que antes disponían de ellos por derecho propio, sustituyéndolos con sus
propias jerarquías supremas".

---

*Diccionario Manual de la Lengua Española Vox. © 2007 Larousse Editorial, S.L

Esta definición es muy diferente a lo que los autores tradicionales en nuestro medio suelen decir acerca del Estado, donde éste, lejos de ser una super estructura que protege, regula y mantiene estable nuestra vida en sociedad -de la cual participamos en igualdad de condiciones y derechos- es más bien un complejo construido en un contexto de "asociación de dominación", y que por ende está articulado en favor de unos (la asociación de dominación) y en contra de otros (todos los demás).

Esta asociación de dominación o élite de grupos de poder y privilegio monopoliza la violencia física dentro del territorio del Estado, secuestra y coopta la institucionalidad (redes de corrupción y crimen), disminuye o elimina las facultades de funcionarios y funcionarias para la toma de decisiones (excluyendo a su vez a las mayorías que participarían del Estado mediante la representación) y acumula el poder bajo la figura de un caudillo, dictador o presidente.

En fin, el núcleo de la definición de Weber sostiene que grupos de poder y privilegio, toman control del Estado, "en una asociación de dominación" en contra del resto de "súbditos del Estado", quienes son excluidos/as de la toma de decisiones, y sometidos/as a esta forma de dominación que mantiene los intereses, privilegios y beneficios de los grupos de poder y clases sociales privilegiadas intactos y resguardados.

Más allá de reflexionar en torno a la exactitud de la definición de Weber, o a la interpretación que pueda hacerse de sus palabras, a continuación reflexionaremos sobre las posibilidades de que el Estado hondureño posea o no, estas características.

HONDURAS, EL ESTADO QUE SE COME A SUS HIJOS E HIJAS

El Estado de Honduras tradicionalmente ha descuidado sus obligaciones más elementales: proveer a sus ciudadanos y ciudadanas de vida, salud, educación, vivienda, empleo o ingreso digno, ocupaciones y ocio positivo y un retiro decoroso (jubilación y pensión).

Desde los orígenes del Estado de Honduras, hasta la fecha, la escalera de la vida se ha roto. El sistema de salud y el de educación no actúan en función de mejorar o proteger física, mental e intelectualmente a la niñez y la juventud, ni formarla no solo para el servicio, sino para la vida y la ciudadanía. Tampoco resuelve sobre las necesidades y obligaciones que tiene para con distintos grupos sociales. Los diferentes gobiernos mantienen intactas y quizás hasta promueven las relaciones de dominación que conserva en desigualdad de los grupos sociales vulnerabilizados.

Este descuido significa que en la historia hondureña, rara vez el Estado ha tenido políticas efectivas de protección a la salud física, mental e intelectual de lxs hondureñxs. El descuido se agrava siempre respecto a los más vulnerabilizables: a las mujeres, la niñez, la juventud, las y los adultos mayores, la comunidad con discapacidad, los pueblos indígenas y negros, lxs miembrxs de la diversidad sexual, las y los migrantes y las personas conviviendo con alguna enfermedad terminal (lupus, leucemia, cáncer, VIH/SIDA, entre otros).

Tampoco ha sido interés del Estado el alimento, la educación, el acceso a una vivienda digna o generar espacios para el esparcimiento, la cultura, contracultura y el ocio recreativo y positivo, o un retiro decoroso para los mayores.

En tiempos pasados no era posible encontrar rastros de preocupación alguna por cumplir estas obligaciones. Una mirada sobre cuatro momentos presupuestarios tomados entre finales del siglo XIX hasta principios de la segunda mitad del siglo XX, señalan que la preocupación de los diferentes gobiernos siempre ha estado obsesionada, tal y como ocurre hasta el día de hoy, en el gasto destinado a la represión y control social (seguridad y defensa) pero muy poco interesado en salud y educación, y menos las otras obligaciones mencionadas.

En diferentes etapas históricas, desde los inicios del Estado hondureño, la inversión presupuestaria ha sido casi el doble para la seguridad y defensa, de lo que invierte en salud y educación. No es si no hasta entrada la década de los ochenta del siglo XX, cuando el gasto social en educación y salud superó con ventaja al gasto militar y policial.

En cuanto a vivienda, es hasta la década de los sesenta del siglo XX cuando se inician programas que procuran proveer acceso a vivienda a la ciudadanía. No queda claro si la preocupación de aquellos años realmente tiene un matiz de justicia social, o más bien es resultado de los deseos de impulsar al sector de la construcción y la organización de la población obrera urbana con miras a la industrialización de la sociedad hondureña.

Antes de aquellas acciones de bienestar social largamente descuidadas, la oferta del Estado de Honduras para la ciudadanía, era un "sálvate como puedas", que deferiría el tema de salud a la sanidad pública en los casos de mayor pobreza (sanidad que funcionaba bajo una lógica reactiva y de beneficencia) y para el resto a la salud curativa privada.

Referente a la educación, hasta hoy, el Estado mantiene una visión enfocada en la adoctrinación que le garantice la sumisión del pueblo. Es decir, educación formal sólo niños, niñas y jóvenes para el servicio, para ser eficientes empleadxs, pero no para la vida: mejores hijxs y padres/ madres, mejores ciudadanxs, mejores consumidorxs, electorxs, vecinxs, etc.

Sobre el empleo, ingreso e incluso vivienda, históricamente la función del Estado suele ser reducida a disposiciones legales, acumuladas principalmente en el Código Civil (bienes y contratos) y a la norma sustantiva y procesal.

El Estado ha vivido obsesionado de proveer condiciones (fomento) para el sector privado empresarial, antes que fortalecer y otorgar bienestar a la ciudadanía, en especial a la población más pobre. Esto ocurre porque desde sus inicios el Estado ha sido secuestrado y controlado por grupos de oportunistas particulares y políticos que se valen de esta cooptación para trasladar fondos públicos a sus bolsillos particulares. Los empresarios y ricos de Honduras han iniciado, desarrollado y fortalecido su riqueza, no del mercado o el comercio, sino desde la corrupción estatal.

Al degenerarse la naturaleza popular del Estado para fines particulares, se descuidan aspectos importantes -como los que hemos mencionado-, potenciando a su vez la exclusión, la desigualdad, la pobreza y la miseria, facilitando con ello las condiciones para un ambiente de injusticia y violencia.

Con ello se crea no sólo las condiciones favorables para la violencia social, sino que se produce también una situación generalizada de malestar social, que significa un peligro permanente de combustión política.

Condenando a la sociedad hondureña a balancearse entre períodos de violencia política (rebeliones, guerras civiles, militarismo, golpes de Estado, represión, etc.) y períodos cortos de estabilidad, en los que la ciudadanía sufre a manos de la delincuencia común.

En tiempos de estabilidad política, el Estado se come a sus ciudadanos y ciudadanas, negándoles oportunidades y bienestar, condenándoles a la precariedad y la miseria; y en tiempos de agitación y violencia política el Estado se come literalmente a su población.

GUERRA Y DEMOCRACIA

Desde sus inicios, la historia del país es una historia de violencia y delito. La Conquista fue particularmente violenta. El control social durante la Colonia consolidó una cultura de violencia que subsiste hasta nuestros días. La inestabilidad política y las guerras fratricidas entre centroamericanos y particularmente entre hondureños, debilitó a la naciente Federación Centroamericana y a sus fragmentos o países.

Honduras heredó, hasta mediados del siglo XX, la resolución de diferencias políticas a bala limpia, con todo el peso que acarrea un estado permanente de guerra civil, como el que impera hoy en día en algunos países asiáticos y africanos.

El fin de las guerras entre bandos políticos, entonces denominadas "revoluciones" fue una dictadura no menos brutal: *el encierro, destierro y entierro* de Tiburcio Carías Andino. La dictadura fue cruel e inhumana. De aquel régimen heredamos el militarismo que dominó desde los años 50 hasta principios de los años 90 del siglo XX y está retornando bajo las formas maquilladas o camufladas del neomilitarismo.

La penúltima violencia del militarismo fue la Doctrina de la Seguridad Nacional o DSN, en la que se perseguía, secuestraba, torturaba y asesinaba o desaparecía a toda persona que se considerara un enemigo de la "Democracia". Sindicalistas, campesinxs, líderes comunales, patronales, sociales, estudiantiles, fueron eliminados durante aquella pesadilla.

Posteriormente la violencia fue reorientada (años 90 hasta hoy), al asesinato y persecución violenta de niños y niñas en riesgo social o viviendo en la calle, maras, pandillas, otras formas de organización juvenil, sexoservidoras y a la comunidad LGBTI. En particular, se ha mantenido una campaña permanente contra organizaciones y activistas de defensa de los Derechos Humanos, del ambiente y de los bienes comunes; hacia la discapacidad, las y los ancianos y los pueblos ancestrales y originarios, la violencia ha sido más sutil: invisibilización y olvido.

A partir de 2009 ocurre el retorno de la violencia política. Los poderes Legislativo y Judicial, los militares, la policía, el Ministerio Público, el Comisionado Nacional de los Derechos Humanos, el Ministerio de Trabajo, entre otros, se coluden para intervenir, cortando las posibilidades de instalación de una democracia "Participativa" que reduciría los controles y el poder de la Democracia "Representativa".

CONTINUARÁ...

LA ESCALA

De Óscar Estrada

El Poeta tenía que escribir, se lo dijeron tantas veces los coroneles y ministros que le visitaban: "El señor presidente está esperando un poema suyo", le dijeron, recordándole luego, con esa sutil manera que tienen los lacayos de decir las cosas, que debía estarle agradecido al Benemérito por el favor de hospedarle. Y le estaba agradecido, disfrutar por última vez la miel de la gloria, alejarlo de aquella ciudad de metal ignorante de las letras castellanas —en donde se vio morir en la más absoluta soledad— hospedarlo a su altura en el hotel más fino de Centroamérica, acercarlo siquiera un poquito a su pueblo natal, *tierra de cementerios con cruces.* ¿Cómo no estarle agradecido, si su beneplácito era la balsa para cruzar el Aqueronte? Él quería escribir, intentaba hacerlo, pero sentía que lo que le pedían era demasiado: un poema para el presidente, cuyo nombre era el octosílabo más horroroso de la tierra, celebrar en sus versos Las Minervas, ignorar la traición, la muerte y el exilio de quienes criticaban la prolongada administración del déspota, la esclavitud de los indios, el miedo. ¿Cómo ver de frente su propio rostro en el espejo, si su verso era tarifado por el mismo Metatrón? Reconoció las arrugas tristes de su gorda cara y con sabiduría neoplatónica comprendió que se estaba muriendo, que tenía años de estar en agonía. Se recostó en su cama viendo el techo gris de la habitación y aferrado a su crucifijo de marfil, con el horror de quien ve la cara de la desnarigada junto a su lecho, supo que se terminaba su tiempo. Las fiebres, el dolor abdominal y los escalofríos de la cirrosis lo mantenían muy débil, las náuseas y los vómitos lo aislaban en las paredes oscuras del hotel. Sus amigos contaron que regularmente lo encontraban como muerto en su habitación, salvo "las raras veces en que el alcohol lograba galvanizarlo"; entonces era bello, resplandeciente. "Pobre poeta —decían los amigos—, no quisiera la gloria a ese terrible precio que la paga: vela prendida por los dos cabos, ha alumbrado pero se ha consumido".

Él sabía que sus versos, antes poseedores de la fuerza de la primavera, que hicieron bailar a las ninfas y a los centauros en reinos mágicos y palacios de diamantes, carecían de la fuerza de antes, los sentía flojos y descuidados. La musa que le acompañó por los jardines que poblaban el triunfo de los pavos reales lo había abandonado, llevándose consigo a los cisnes, elefantes y lagos azules, dejando en su lugar árboles y piedras insensibles.

Cuando el presidente supo, en una comunicación interceptada que iba para el gobernante de Nicaragua, que el poeta se encontraba en Nueva York en un delicado estado de salud, vio la oportunidad que había estado buscando. En su locura, él sabía que la poesía sobrevive la frágil frontera de la carne y buscó patrocinar portaliras que escribieran sobre él sonetos, que las generaciones futuras recitarían en memoria del gran Benemérito de la patria. Quería ser Pericles. Constituyó las Fiestas Minervas, diosa de la sabiduría, para celebrar a las escuelas y los maestros —en un país en donde el analfabetismo superaba el 90% de la población—; hizo el Partenón a escala real, o dijo hacerlo y como mucho en su administración quedó en la primera piedra; se declaró *Educador de los Pueblos* y *Protector de la Juventud Estudiosa*, a la vez que constituyó el natalicio de su madre como día de fiesta nacional, en agradecimiento por haber engendrado un hijo tan admirable y prodigioso para los destinos de Guatemala. Pero la verdadera ambición del presidente, era obtener un soneto de la altura de *Oh Captain! my Captain!* de Walt Whitman, escrito para él; después de todo era el hombre más poderoso de Centroamérica: ¡un semidiós contemporáneo!

Lo intentó con el poeta Arenales de Colombia, *El señor de los topacios* que resultó ser un irredento homosexual declarado y escandaloso, anarquista subversivo que casi corrompe a los hijos de buena familia, sensibles a la lírica y débiles a los placeres del mundo.

Lo logró de alguna manera, con el cronista arrogante de ojos verdes que desde la diáspora escribió en defensa del *Benemérito Prócer Vivo*: "Por sus avances, la ciudad merece el nombre envidiable de Atenas del Nuevo Mundo" —dijo el cronista, bello y cínico, que burlándose del dictador inventaba duelos de "mentirillas" en defensa del honor del benemérito y le enviaba luego recortes de diarios franceses, estando él asignado como cónsul en Hamburgo, donde contaba la crónica de sus duelos y aventuras.

—Este cronista es un gigolo que me explota como si yo fuera una vieja millonaria —dijo el presidente y mandó telecomunicación al cronista preguntando: "¿En dónde se publican esos periódicos de los que usted me envía recortes? Son desconocidos para la generalidad; ninguno de ellos representa dignamente a la prensa gala; y además, entiéndalo bien, yo lo he mandado a representarme en Hamburgo y no a batirse por mí en París".

Es fácil comprender por qué el presidente no iba a dejar pasar la oportunidad de que el poeta escribiera para él. Después de todo, el poeta era un ave de canto hermoso y él, el presidente, era el dueño de todas las aves.

El Poeta era robusto, fornido, pero débil en extremo. Había malgastado su cuerpo durante tantos años, como él mismo decía, saturándolo de excesos, llenándolo de sensaciones fugaces —pagos "al contado" del paraíso en esta tierra—, para olvidar la tortura de ser hombre, paliar el sufrimiento de pensar en su pobre y mortal existencia.

Viendo desde su ventana las calles empedradas de la ciudad, el poeta recordó aquella primera vez que llegó al país, cuando el golpe de Estado en El Salvador lo obligó a dejar a su *Stella* y fundó un periódico. Distinto era el poeta en esos días, con sus veintiseis años de edad, su carrera en ascenso, su esplendor, lleno de vida, cuando París no pasaba del margen de las páginas de sus libros y era por lo tanto infinita.

Fue en esa ocasión que conoció al cronista de ojos verdes, entonces de apenas diecisiete años, ya inquieto y arrogante.

—Se nota que para usted el mundo exterior no existe —le dijo el cronista en un texto— sus visiones, como sus armonías, son interiores, son cerebrales o psíquicas. Sus ojos no son de pintor (...) Sus decoraciones y sus visiones, las lleva en su mente (...) su musa es más amiga de evocar que de pintar.

La musa, esa hada encantadora, ese cisne blanco de fino cuello. El poeta conoció a la musa desde pequeño, el niño prodigio le decían. Con ella sonaba en su cabeza melodías y palabras que caían, una junto a la otra, en una suerte de tormenta de granizo. Publicó sus primeros versos a los trece años y aprendió a cantar a las garzas y a las gaviotas. Con su lira viajó por todo el mundo —si alguna vez pensó su suerte sería mejor—. Conoció los palacios perdidos de los Sultanes de Granada, los callejones oscuros de los barrios junto al río de la plata; besó los labios rojos de duquesas y campesinas, y sus palabras sonaron en los salones y lupanares de Barcelona y Tegucigalpa. Cualquiera hubiera sido feliz, cualquiera habría cantado a la vida espantando las desgracias; pero no el poeta, el traía bajo su piel el barro rojo de su tierra que le perseguiría a donde fuera, con calaveras y ataúdes, con pestes y guerras.

—¿Terminó el trabajito poeta? —le preguntaban.

—Ya casi —decía, buscando entre sus notas viejas algunas líneas que pudiera reciclar.

—Hágalo usted, amigo —suplicaba el poeta a los jóvenes literatos que le visitaban a diario—, hágame usted un poema para el presidente.

Pero los jóvenes huían de tal faena. ¿Quién, sino Heracles, podrá llevar a cabo las doce tareas del rey de Micenas?

Una tarde tocaron a la puerta de su habitación.

—El señor presidente lo espera —dijo en el umbral un hombre recio, con esa cara de bruto que tienen los mensajeros de Hades: espalda de ataúd, voz de terremoto.

Cuando escuchó esas palabras el poeta se sintió desmayar, sus rodillas temblaron y su garganta se secó; buscó con la vista la botella de Jerez junto al manuscrito amarillento de la novela que nunca terminaría sobre su viaje a la isla de Mallorca.

—Ya voy —dijo y luego de un trago, salió.

El palacio del señor presidente era soberbio, como el de un rey burgués, con verdes jardines poblados de flores y preciosas aves entre estanques y estatuas de mármol. Afuera del portón de entrada, hecho con el hierro fundido de mil cadenas coloniales, se apilaban menesterosos, mendigos y oligarcas caídos en desgracia, todos suplicando un minuto con el *Benemérito, Hijo Predilecto de la Patria, Prócer Vivo*.

Un indio silencioso abrió la puerta del carro mostrándole el camino, el poeta siguió la línea rígida de la mano de aquel hombre oscuro e imaginó que esa misma mano había cortado la cabeza de cientos de hombres en quién sabe qué guerra civil. Sintió que avanzaba rumbo al patíbulo, seguido por un triste verdugo, entre pasillos iluminados con el resplandor del jardín. Ensayó las razones que daría para su dilatado proceso creativo, buscó en su memoria las melodías desechadas de versos viejos, quizá un poema descartado de alguna colección que se preste a la dolorosa trasmutación; pero el canto de las aves rebotaba en los pisos de mármol del palacio; si acaso, en el fondo, supo el poeta distinguir la dulce voz de un pavo real.

—Espere acá —le dijo el indio y el poeta se sentó en el pasillo, estrujando en sus manos el sombrero de fieltro negro, viendo el brillo de sus zapatos. Por un momento se sintió niño, esperando entrar a la oficina del rector del colegio de los jesuitas.

Difícil decir cuánto esperó el poeta. Con el tiempo, todos los siglos caben en un segundo. Podemos suponer que sintió frío, quizá pensó tener fiebre y le dolió el abdomen abultado, a lo mejor tuvo sed, esa urgencia que lo estaba matando.

Al rato salieron dos hombres, iban hablando entre sí, susurrando quién sabe qué cosa, el poeta no se sentía con ánimo para descubrir conspiraciones. Los hombres lo vieron y sin reconocerlo se alejaron, como quien huye de un asesinato.

—Pase poeta —mandó el presidente desde la puerta, extendiendo fraternalmente su mano.

El poeta se levantó y saludó con humildad a su mecenas.

—Presidente —le dijo, estrechando su mano.

El salón era de paredes finamente adornadas con arte exquisito, una copia del pasaje *Las Hilanderas* de Velázquez en la pared central, estatuas de Minerva y Pericles en pedestales, cortinas de terciopelo que suavizaban el sol resplandeciente, una mesa de caoba oscura rodeada por trece sillas Luis XIV.

—Usted me disculpará, poeta —comentó el presidente—, con tantas obligaciones no he tenido tiempo de ingerir mis alimentos. ¿Se le antoja algo?

—Agua solamente —respondió el poeta. No sentía que era apropiado pedir un trago de brandy.

Dos viejas indígenas entraron al salón, una llevando una bandeja con un guisado de puerco y arroz para el presidente, la otra un vaso de agua que al poeta pareció de una limpieza virginal.

—¿Está cómodo en su hotel, poeta? —preguntó el dignatario con el bocado de cerdo en la boca.

—Sí, señor presidente, estoy muy cómodo, gracias a usted.

—Me alegra. Todo lo que tenga que hacer, para que *El Príncipe de las Letras Castellanas* esté cómodo. Y dígame poeta, ¿ha trabajado en el encargo que le hice?

—Pues —titubeo el poeta—, he estado un poco enfermo y...

—Sí, sí yo sé —interrumpió el presidente—. Sabe poeta —prosiguió señalando con el tenedor a la estatua de la esquina—, siempre me ha fascinado Minerva. De todos los dioses romanos y griegos, ella es la más bella y tenebrosa. Es el alma de los poetas, como usted mi buen amigo, y es la lanza que destroza el corazón del abyecto. Minerva, la diosa de las ciencias y de las artes, es la diosa de la guerra, la que inventó el arte de hilar y bordar y enseñó a los hombres a usar el carro de guerra. Me fascina la historia cuando Neptuno quiso nombrar la ciudad Cecrops con su nombre, pero Minerva, celosa y destructora como la peor de las amantes, se opuso y compitió con él, para ver quién traía lo más útil para el hombre. Neptuno trajo el caballo, hermoso caballo de crines brillantes, Minerva trajo el árbol del olivo; un árbol, un simple árbol que sirve igual para la cocina como para el baño. Finalmente ella ganó y puso su nombre a la ciudad, la gran Atenas. Eso poeta, es lo que yo quiero dejar como legado: el árbol de olivo. Quiero que esta ciudad sea la Atenas del nuevo mundo. ¿Usted me entiende verdad?, Latinoamérica está creciendo y necesita inspiración y su poesía, poeta, su poesía es el alma de este proyecto.

El poeta guardó silencio, no sentía energía para discutir y menos con el presidente. Vio sus manos finas y amarillas, aún bellas a pesar del tiempo y la mala vida que ha llevado.

—¿Y si no logro escribir el poema? —preguntó, temeroso.

—Oh no se preocupe poeta, usted lo escribirá. Las imágenes y ritmos de la poesía viven en su cabeza como las ninfas en el bosque.

El señor presidente metió otro bocado de cerdo en su boca. El poeta vio con asco cómo los bigotes del Primer Magistrado se llenaban de guiso y luego sus cachetes hinchados de comida se movían con sus quijadas mientras mascaba; sintió ganas de vomitar, pero logró controlar el impulso.

—Esos hombres que vio salir —dijo el presidente aún con la boca llena—, son fieles como perros amaestrados. Son capaces de matar a sus madres si se los pido. Me gusta la gente así, la lealtad es una virtud poco común. Vea cómo funciona la mente humana poeta, les dije a cada uno por aparte, que sospechaba que el otro estaba conspirando en contra de mi gobierno y necesitaba que le mantuviera vigilado muy de cerca.

El presidente metió un bocado más a su boca, sonrió complacido con la historia que contaba.

—Desde entonces son uña y carne, parecen hermanitos.

Sonrió el presidente.

—Pero sabe lo más divertido, que yo sé muy bien, que aquel que venga a delatar primero, será el verdadero conspirador, querrá desviar mi atención o culpar al otro de sus pecados. Su poema —prosiguió el presidente señalando al poeta con el tenedor—, debe ser la luz que ilumine estas tierras. Un canto de esperanza a un pueblo que lucha por crecer. La educación, poeta, es la piedra angular de mi legado. ¿Cuento con usted verdad?

—Sí, señor presidente —respondió el poeta.

—Bien. Porque necesito que me entregue esos versos en, digamos, ¿dos semanas? Tengo que mandarlo a imprenta para que se reproduzca y se lleve hasta el más lejano rincón del país. ¿Comprende?

—Dos semanas —repitió el poeta como quien repite una sentencia.

—Ahora, si me disculpa, poeta, tengo mucho trabajo y debo seguir —dijo, terminando su plato de guisado.

El poeta tardó unos segundos en comprender que el presidente lo estaba corriendo. Confundido se levantó de su silla y extendió su mano saludando al mandatario. La mano del presidente era gruesa, firme, como la del rey Josué cuando conquistó Jericó.

El poeta salió del palacio sintiendo que sus fuerzas se agotaban, pensó que el sopor que previene la muerte invadía sus músculos y tembló de miedo. Afuera del portón, una pequeña multitud desesperada bajo el sol de la tarde. El indio anunció que el presidente no recibiría más personas ese día, estaba muy ocupado. El poeta cerró sus ojos dejándose arrullar por el movimiento del carro y soñó: él era una caja de música, un grupo de damas hermosas lo hacían cantar tiernas melodías inspiradas en las flores de un jardín en primavera, varios caballeros de finas vestiduras reían entre copas de jerez y pipas de opio decoradas con tipografía oriental, un cisne blanco sacudió sus alas en una fuente con agua cristalina... Estaba en París, en la mesa de un bar en el barrio Latino, reconoció frente a él al poeta Baudelaire, ya cerca de la muerte. Sobre la mesa la calavera de un hombre. El poeta vio con atención cómo de la fosa del ojo izquierdo de la calavera salía una mariposa de alas frágiles.

—*Hypocrite lecteur* —dijo Baudelaire—, *mon semblable, —mon frère!*

El poeta siguió con la vista a la mariposa que se posó en el hombro de una mujer que tejía frente a la pared. Avanzó hasta ella pensando en tomarla sin distraer a la hiladora, pero al acercarse la mariposa voló y se posó sobre la rueca. La mujer siguió girando la rueda con el pedal y la atrapó entre los hilos. El poeta intentó detenerla, ¡salvarla! Levantó la vista y vio que la mujer tenía en horizontal, cuatro ojos oscuros y dos quelíceros de tijera en forma de quelas peludas en lugar de boca.

—Minerva —dijo la mujer araña en un oscuro lamento— ...Minerva.

-fin-

DOS MUERTES QUE LLAMAN A LA MUERTE

1. *LA VIDA LOCA* DE CHRISTIAN POVEDA

Hay, en la cinematografía centroamericana, una serie de títulos que simplemente deben verse. Una de esas películas es *La Vida Loca* (2008), del cineasta franco/español Christian Poveda (1955-2009).

Este documental retrata la tragedia de una generación de salvadoreños (como hondureños o guatemaltecos) que tienen un destino marcado por la pobreza.

Un grupo de ex pandilleros de la 18 buscan hacer funcionar una panadería mientras enfrentan la represión estatal de la Mano Dura del gobierno de Tony Saca y la guerra contra la pandilla contraria (MS 13). Un asesinato tras otro, un encarcelamiento tras otro. En *La Vida Loca*, Poveda nos presenta un largometraje que normaliza la muerte; unos personajes muy humanos que lloran el desprendimiento de sus familias, la pérdida de sus amados y humedecen de lágrimas sus rostros tatuados como guerreros tribales.

Personajes que buscan sus orígenes en las guerras y las masacres de la segunda mitad del siglo XX, como buscan un futuro en un cantón marginal.

No hay sorpresas en el documental de Poveda, para los que conocemos la realidad de nuestros países, no la hay. Vemos como la panadería deja de funcionar cuando los miembros de la improvisada cooperativa comienzan a sufrir la persecución: la mujer tuerta que llora de alegría cuando logra obtener una prótesis para su ojo, muere de un disparo en la cabeza; la joven pareja que feliz se inicia como padres de una niña, es encarcelada por delitos que no nos quedan claro a los espectadores, como posesión de droga y asociación ilícita, que seguramente tampoco les queda claro a ellos; y el líder de la panadería, un expandillero de la organización Hommies Únidos, es condenado a 16 años de prisión por un crimen que dice no cometió.

Lo que sí sorprende en este documental, es la cercanía que Poveda logra con la

18, que le permite obtener imágenes de un universo desconocido para todos (aquellos que no somos pandilleros) y nos acerca a la cotidianeidad de la marginalidad.

Poveda no trata de explicar la complejidad del problema de la violencia contra los jóvenes en El Salvador. No intenta contarnos el origen de la pandilla en Los Ángeles o las razones para una guerra interminable entre la 18 y la MS. Simplemente retrata el día a día, los rituales fúnebres y el dolor de un grupo de hombres y mujeres que saben, tienen su nombre escrito en una macabra lista de muerte.

Nacido en Argelia, hijo de padres republicanos exiliados de la guerra civil española, Christian Poveda saltó a la fama con un reportaje sobre el Frente Polisario, en el Sahara Occidental. Trató la invasión de la Isla de Grenada por parte de los Estados Unidos y hechos históricos en Argentina, Chile y la guerra civil de El Salvador. Comenzó su trayectoria cineasta en 1977, tratando conflictos, costumbres y hechos felices en países africanos y en Iberoamérica.

Sus últimos tres años de vida los pasó en El Salvador filmando *La Vida Loca*. El documental fue presentado en el Festival de Cine de San Sebastián en septiembre de 2008 y en los festivales de Morelia, La Habana, San Luis, Helsinki o Gotemburgo.

En 2009, Poveda fue asesinado en la misma localidad donde filmó *La Vida Loca*. La policía dice que fue la pandilla 18 la que le asesinó. Otras organizaciones acusan a la policía. No existe aún una explicación convincente de las razones de su asesinato. Pero viendo el poder de su documental, no cabe duda que Christian Poveda logró acercarse mucho a la tragedia de sus personajes, quizá demasiado.

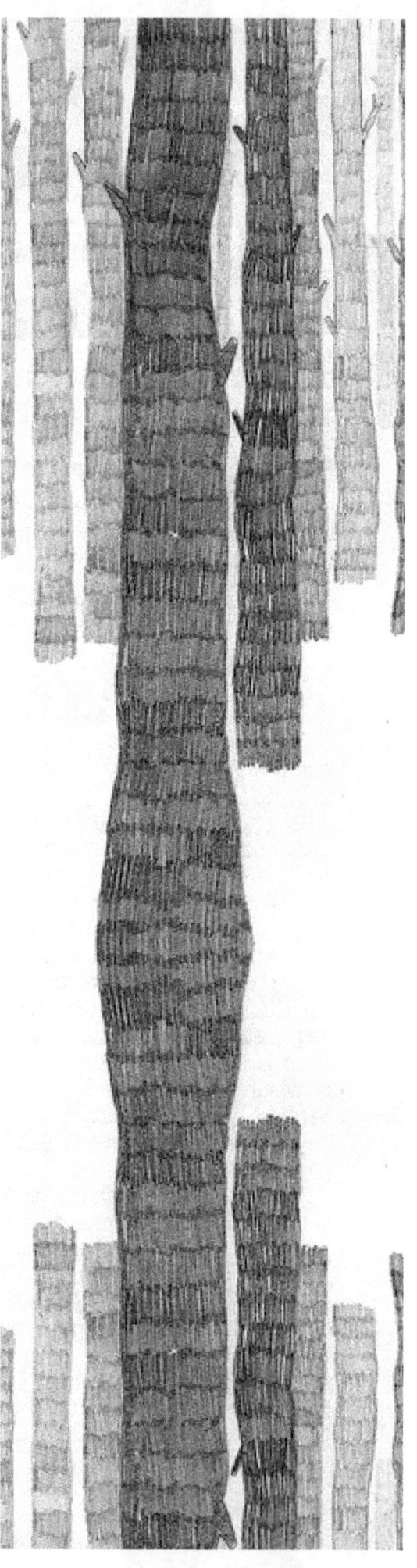

2. LA VIDA LOCA DE GERSON (JOVEL MIRANDA)

En 2008, el equipo de Marabunta Films tuvo la oportunidad de conocer a "Gerson", un expandillero de San Pedro Sula, quien nos habló sobre esos primeros años en los Vatos Locos. Luego supinos su nombre era Jovel Miranda (lo decimos ahora porque creemos que su vida y su posterior trabajo en prevención de pandillas lo hace escepcional). Marabunta Films trabajaba en esos días en la producción de un documental sobre las pandillas, que salió luego con el nombre de *El Porvenir* (2009), en referencia a la cárcel de La Ceiba en donde murieron 69 personas en 2003. Jovel vivió su juventud en ese oscuro mundo de las pandillas. Cuando le conocimos, era uno activo luchador de los Derechos Humanos que buscaba justicia para las víctimas de la masacre de los años 2003, 2004 y 2012. Con el tiempo, el sistema judicial le dio la razón —cosa rara en Honduras— y los responsables de la masacre de El Porvenir en La Ceiba (policías y presos comunes) fueron sentenciados a las penas de entre 900 y 1000 años de reclusión. Luego, en 2013, Jovel fue asesinado en las calles de San Pedro Sula. En esta ocación, Lastiri comparte con sus lectores, apenas un fragmento de la extensa entrevista que en aquella ocasión realizara el director de *El Porvenir*, Óscar Estrada. En el material original se detalla el ingreso de Jovel a la pandilla, su retiro y su posterior lucha por cambiar las condiciones sociales que empujan, día a día, a miles de jóvenes al mundo de la criminalidad. Quizás esa fue la causa de su muerte, quizás una suma de toda su vida. En todo caso, Jovel merece ser recordado como ejemplo de una generación de jóvenes que cayeron víctimas de nuestros prejuicios.

¿Cómo ingresaste a las pandillas?

Ingresé a la pandilla por los amigos. Yo tenía unos amigos que vivían por el lado de Las Brisas. Me iba a donde ellos y me invitaban a fumar marihuana y así me fueron gustando los bultos. Decidimos formar una pandilla: Los Vatos Locos. Eso fue antes de que saliera la película *Sangre por sangre*. Cuando esa película salió yo rifaba, nosotros rifábamos VLS, o sea: "Vatos Locos Solos" o "Vatos Locos Sobados". Después decidimos quitarle una letra y la dejamos como VL "Vatos Locos". Creíamos que la pandilla nunca más iba a dejar de existir, no pensábamos que las pandillas nos iban a afectar como nos afectó.

¿Como era lo del trabajo?, ¿cómo se mantenían ustedes?

Después de un tiempo ya salíamos ni a trabajar, porque aparte de que el trabajo no nos gustaba, solo mirábamos bonita la calle, o sea, el vive que teníamos, el andar rifando barrio y las chavalas que decían que éramos más fuerte que el otro; todo eso nos iba conquistando el morro para que nos metiéramos de corazón a la pandilla.

Luego, cuando mirábamos que aunque quisiéramos ya no podíamos salir a buscar trabajo, salíamos a robar a los sectores donde habían otras pandillas, a robar y a asaltar, mentábamos otra pandilla cuando asaltábamos para que le echaran la culpa a los otros, a los del sector contrario. Después nos veníamos para la cuadra y ahí tras que llegábamos, nos empezábamos que coca, que crack y viviendo la loquera, poco a poco nos iba cegando la mente.

¿Cuándo te hiciste los tatuajes?

La primera vez que caí al tambo

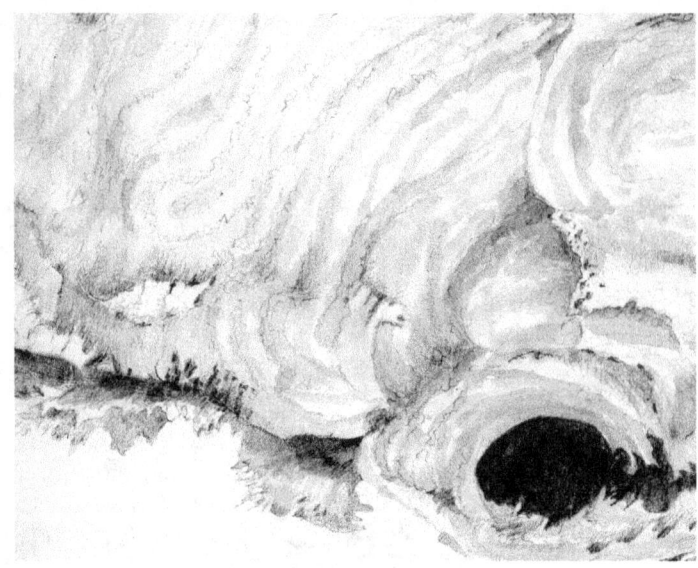

caí por robo y ya cuando estaba en el presidio me fui a encontrar allí, no con los mismos amigos, sino con otros hommies de la 18, de la MS, Vatos Locos, de toda clase de pandillas. Yo no me había manchado todavía, ni mi rostro, ni nada, pero ya tenía mi mente cegada a la pandilla, porque ya me habían gustado los rebanes del baile, me gustaba agarrarme a pedradas, porque antes a pedradas nos agarrábamos.

Cuando yo llegué al presidio, los otros muchachos que estaban ahí me terminaron de enganchar. Ellos me dijeron: "púchica vos, pero tanta cora que tenés (porque cuando yo empezaba en la pandilla yo era el más aventado, pues cada vez que íbamos a hacer una bronca, yo me iba adelante) ¿dónde querés las letras -me dijeron- las querés en la panza, en los brazos, en la cara, en dónde? Pedí gustos, que aquí nosotros te vamos a manchar". Entonces yo, como miraba bastantes de los mismos amigos míos con grandes placas y según yo los miraba lujosos y decía "puta este es de cora y yo por qué no" y ya a la hora de la hora dije: "mirá, haceme un VL aquí en la panza" y se pusieron allí mismo a hacerlo.

Cuentanos sobre las armas. ¿Como conseguían las armas en las pandillas?

Nosotros empezamos a agarrar armas vendiendo droga. Hubo una temporada, al principio de la pandilla, casi a nivel

nacional, en donde peleábamos con alambres, piedras, botellas y machetes. Luego llegó la chimba. Nosotros nos dimos cuenta que tal pandilla ya tenía una chimba, decíamos nosotros entonces, ¿y quién les dio la idea? Nos dejamos ir para los cementerios a destartalar las cruces de las sepulturas. Íbamos, las traíamos y de ahí, en un taller de soldadura le decíamos al soldador: "sabés que man, te vamos alivianar pa´los frescos, hacenos esta chimba". Le llevábamos las válvulas de carro, los tubos de doce y ellos los soldaban.

Luego empezó la segunda etapa, o sea donde ya la pandilla iba creciendo más y la cosa iba siendo más de muerte, porque antes que pasara eso nosotros agarrábamos a un pandillero contrario, o ellos nos agarraban a nosotros, solo lo golpeaban, lo dejaban por ahí golpeado, ese era el vive. Ya después que vino el tiempo de las chimbas, ya nosotros andábamos con grandes tubos, le estoy hablando que eran grupos de cuatrocientos mareros en guerra a morir.

El tiempo de la tercera etapa, que es la que acaba de pasar ahorita, ya nos dábamos cuenta que tal pandilla de "Barrio Pobre" o tal pandilla de MS tiene allá un cuete, que tienen una pistola y nosotros: "¿cómo le hicieron esos majes?" Así que hicimos un miri, hablamos en la reunión que teníamos que ponernos vivos, porque la cosa se estaba poniendo más caliente.

Decíamos: "lo que vamos hacer es que cada quien va a dar diez lempiras". Recogimos billete entre los hommies y planeamos comprar una libra de mota, esa libra la poníamos a cartoniar y salían hasta sesenta puros, los dábamos a veinte lempiras y sacábamos el doble. De ahí sacábamos ganancia. Al nosotros recoger todo ese pisto, lo íbamos guardando y cada vez que deshacíamos la libra, volvíamos a comprar otra libra.

Cuando caíamos en la posta, que nos agarraba la policía por algo, de ahí mismo agarrábamos para darle de comer al que estaba preso, llevarle los cigarros, el fresco. Con el tiempo teníamos buena feria, siempre vendiendo marihuana y fuimos a comprar una 38. Así empezamos, vendiendo y vendiendo, y después teníamos otros cuatro mil pesos guardados y fuimos a ver quién nos vendía un AK, porque aquellos de allá decían que andaban una AK y nos habían amenazado con que nos iban a partir.

¿Era fácil comprar un arma?

Era fácil. Llegaban tal vez los amigos que nos conectaban la mota: "denme un cartón de que u", y nosotros le preguntábamos: "¿no sabés quién vende un cuete barato?" Y nos decían que tal persona vende un M16, que otra vende una escopeta en dos mil tres mil pesos. Nosotros mirábamos que estaba barata y corríamos a comprarla. Así estábamos agarrando feria y comprando armas. Pero así como las íbamos comprando, así la policía nos las iba quitando también.

A veces nosotros íbamos a aquel barrio a pelear con AKs y alguien telefonaba y caían las patrullas. Cuando caían ¡chu chu chu! ¿me entiende? Todos salíamos corriendo a meternos en las casas y a camotear los fierros y si era posible salíamos sin nada. Al siguiente día llegábamos a la casa y le decíamos a los que allí vivían: "Miré ve, ayer que me venia guindeando la policía metí una pistola ahí, ¿me la puede pasar porfa?"

Poco a poco, cuando nosotros mirábamos que la droga ya no nos daba, mandábamos a vigiar guachis para quitarles las armas. A veces los policías nos daban armas, iban al barrio y nos decían: "mira que allá a tal MS le quité tal chimba o tal pistola, aquí la ando, yo no la voy a entregar, si querés danos tanto".

¿Quién mataba a los de tu pandilla?

En aquel tiempo los mataban pandilleros contrarios, nos iban a matar al barrio o si nos agarraban por otro lado. A veces, nos mataban personas que tal vez eran familiares de mareros que la pandilla mía habían matado...

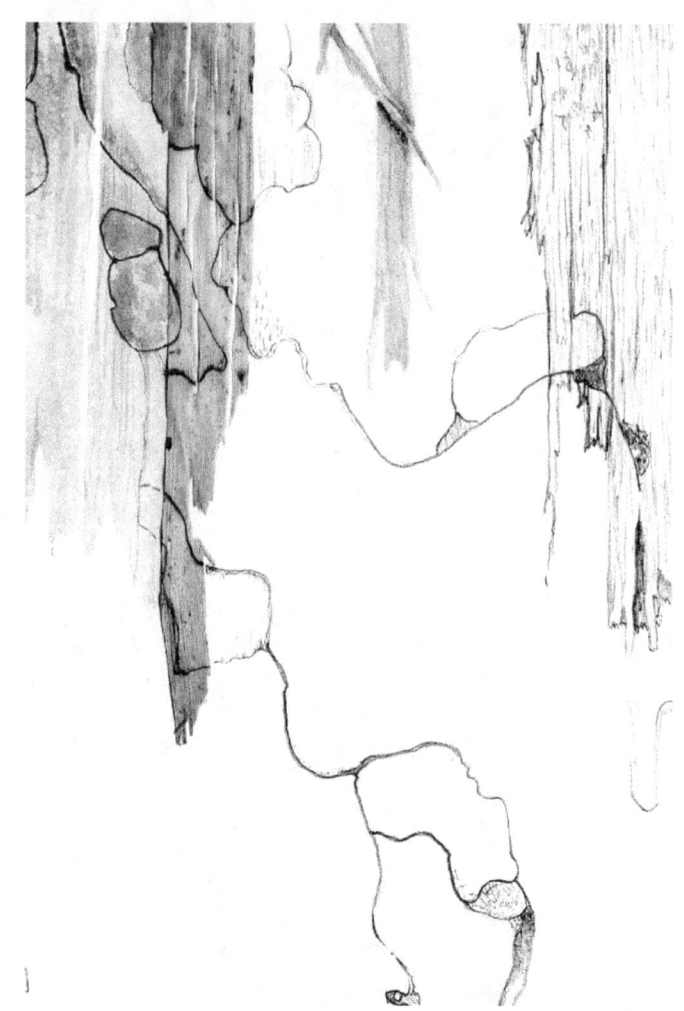

NÓMADA 04:
ARTE EN CRISIS

Texto de Ariel Sosa
Fotos de Josué Osorio

"De lo convencional se gusta sin criticar, mientras se critica con disgusto lo que en verdad es nuevo"

-Walter Benjamin-

En su introducción al libro *La otra tradición*, Adán Vallecillo señala la inexistencia de los incentivos fundamentales para impulsar la creación artística en Honduras. Vallecillo escribió dicha introducción en 2009. Cinco años han pasado desde entonces, cinco años en los que cuatro hombres distintos han ocupado la posición de presidente del país, dos veces hemos ido a elecciones a punta de fusil, alrededor de doce personas han muerto violentamente cada día en Tegucigalpa durante cada mes de cada uno de esos cinco años. Hoy Honduras no solamente carece de los incentivos necesarios para hacer arte, sino que carece de las condiciones necesarias para vivir. Mi ciudad se ha convertido en un vacío indescifrable.

¿Cómo se crea, se discursa y se propone desde esta crisis? No podemos ignorar el punto de inflexión que el golpe de Estado de 2009 representa. El recrudecimiento de la violencia estructural y todas las condiciones generadas por el clima de incertidumbre,

militarización y represión que ha ahogado al país durante los últimos años han tenido un eco inevitable en la producción artística en todos sus aspectos. Desde quienes decidieron tomar posiciones absolutamente militantes, hasta quienes prefieren aislarse en una burbuja desconectada de la realidad, no podemos disociar la crisis de nuestra producción.

Ante el estrangulamiento que vivimos por parte de un entorno cada vez más hostil, la respuesta ha sido un torrente de producción que no parece que vaya a agotarse pronto. Sin embargo, este efervescente surgimiento de creadores y creadoras ha sido como un grito abrumador al que no hemos prestado suficiente atención para entender exactamente lo que se está diciendo.

Cada vez hay más fotógrafos/as, ilustradores/as, bandas, videoartistas, cineastas y otros creadores improvisados. Esto debido a que los avances tecnológicos han representado una relativa democratización del acceso a la creación, pero desde luego esa aparente facilidad de acceso tiene un fuerte componente de clase.

Estamos viviendo un surgimiento de artistas de las clases medias, en su mayoría estudiantes de universidades privadas con una visión sumamente entusiasta del arte. Todo les parece bueno y ven con recelo la teoría y la crítica. Si bien su impulso, su entusiasmo y la mayor facilidad de acceso a equipo les permiten una producción de cierta calidad técnica, en muchos casos nos encontramos con grandes vacíos en el contenido. Muchas y muchos de los artistas que gravitan en esta órbita son artistas de facebook, es decir, crean para recibir "likes", su reflexión se queda en los muros virtuales. Sin embargo, es necesario notar que este grupo de artistas emergentes ha traído consigo a un público y ha generado nuevos espacios que pese a su precariedad son esfuerzos que debemos notar.

El problema es que esta ola de producción masiva y poco reflexiva ha impuesto un ritmo y una concepción de la figura del artista que dificulta, aún más, generar las condiciones apropiadas para la profesionalización del medio. Tanto entusiasmo sin ningún tipo de canal para conducirlo a buen término resulta también dañino, pues nos encontramos ante una generación de artistas que toman la primera idea que tienen y la llevan inmediatamente al papel y luego al muro en facebook donde todo, absolutamente todo, es celebrado. Esta mentalidad marcada por el cliché del arte por el arte, el hacer porque me gusta y a mis amigos y amigas les gusta, es indudablemente una válvula de escape para un grupo de personas que se ven tan desbordada por la realidad del país en que viven que prefieren eludirlo.

Por suerte también existen quienes han decidido encarar la realidad y hacer algo al respecto. Quienes

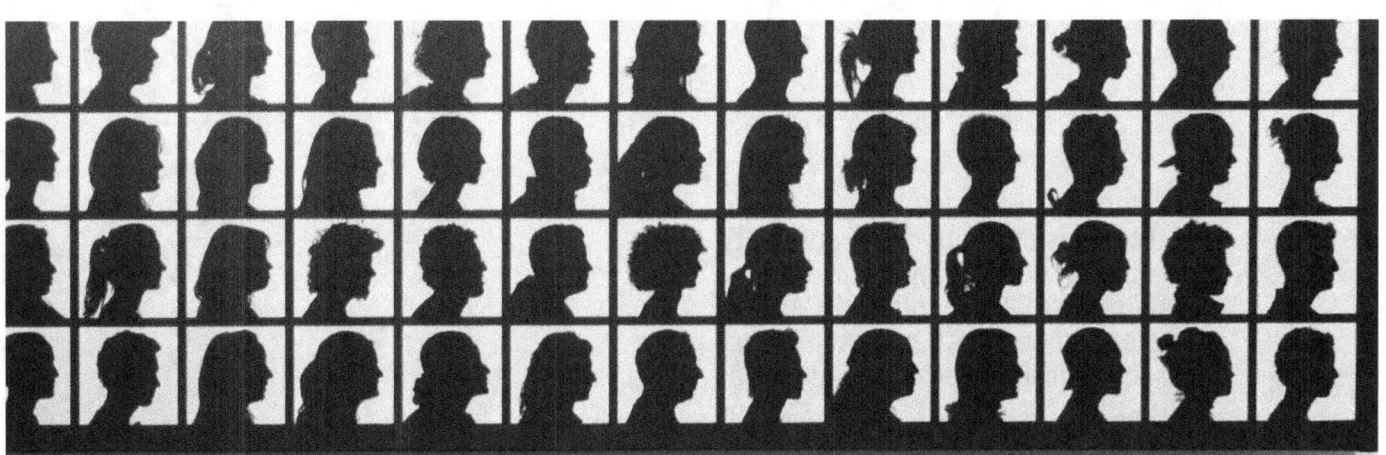

ante la crisis se han esforzado por crear un cambio en las condiciones. Particularmente destacable es el trabajo realizado por Léster Rodríguez y Lucy Argueta con la Escuela Experimental de Arte (EAT), que acaba de concluir con el cuarto ciclo de su proyecto central: Nómada 04.

Con esta exposición de su trabajo, la EAT se ha convertido en la vanguardia del arte contemporáneo en el país.

LA EAT se ha consolidado como un programa de formación excepcional, donde cualquier persona con deseos de incursionar en el mundo del arte tiene la oportunidad de dialogar con algunos de los más importantes artistas de la región, conocer referentes, aprender historia del arte, crítica, elaboración de portafolios, arte y género, etc. Tras meses de acompañamiento, cada participante produce una pieza para la muestra final, que siempre tiene resultados variados, en la que cada estudiante es tratado con el respeto y la seriedad debidos.

Los y las participantes, recibieron talleres con Gustavo Larach, Simón Vega, Pablo Ramírez, entre otros. Con un presupuesto de apenas mil dólares, y echando mano de las solidaridad producto de las excelentes relaciones que han cultivado en la región durante sus carreras, Argueta y Rodríguez han logrado montar una muestra que opacó completamente la Bienal hondureña realizada hace unos meses.

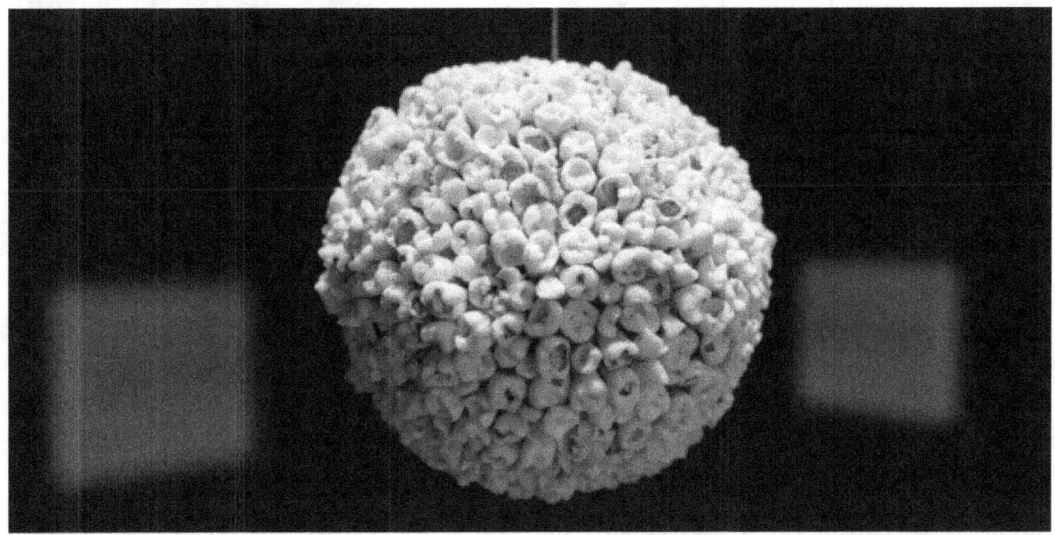

"Alboroto" de Adan Vallecillo

Junto a los once nómadas, en el MIN actualmente pueden apreciarse piezas de Adán Vallecillo (Honduras), Andrés Asturias (Guatemala), Guillermo Vargas Habacuc (Costa Rica), Alejandro de la Guerra (Nicaragua), Pilar Moreno (Panamá), Regina Galindo (Guatemala) entre otros y otras importantes artistas de Centroamérica.

La EAT y particularmente la plataforma Nómada han sido punto de arranque de las carreras de una nueva generación de artistas como Cesar Chinchilla, Alejandra Vaquero, Pavel Aguilar y Claudia Bardales.

En esta edición nos encontramos con los primeros pasos de personas como Josué Osorio o Roberto Amendola (que decidió dar el salto de espectador a actor y lo ha hecho con bastante firmeza).

También regresan un par de rostros conocidos como Alejandra Vaquero (simple y sencillamente hay que ver su pieza) y Lía Vallejo, que continúa con su constante exploración personal a partir del performance.

Tenemos que poner los ojos en lo que está haciendo la EAT, porque allí es dónde se está generando el diálogo, es el espacio que ha sabido responder y canalizar la energía del tiempo que nos ha tocado vivir, hacia una producción contemporánea.

Tenemos que acercarnos y trabajar en conjunto para generar nuevos espacios y comenzar a proponer salidas al estancamiento en el que las artes visuales han caído en el país.No me queda más que aplaudir el esfuerzo y felicitar a todxs lxs nómadas de esta edición. Y sobre todo, agradecer el enorme trabajo de Lucy y Léster.

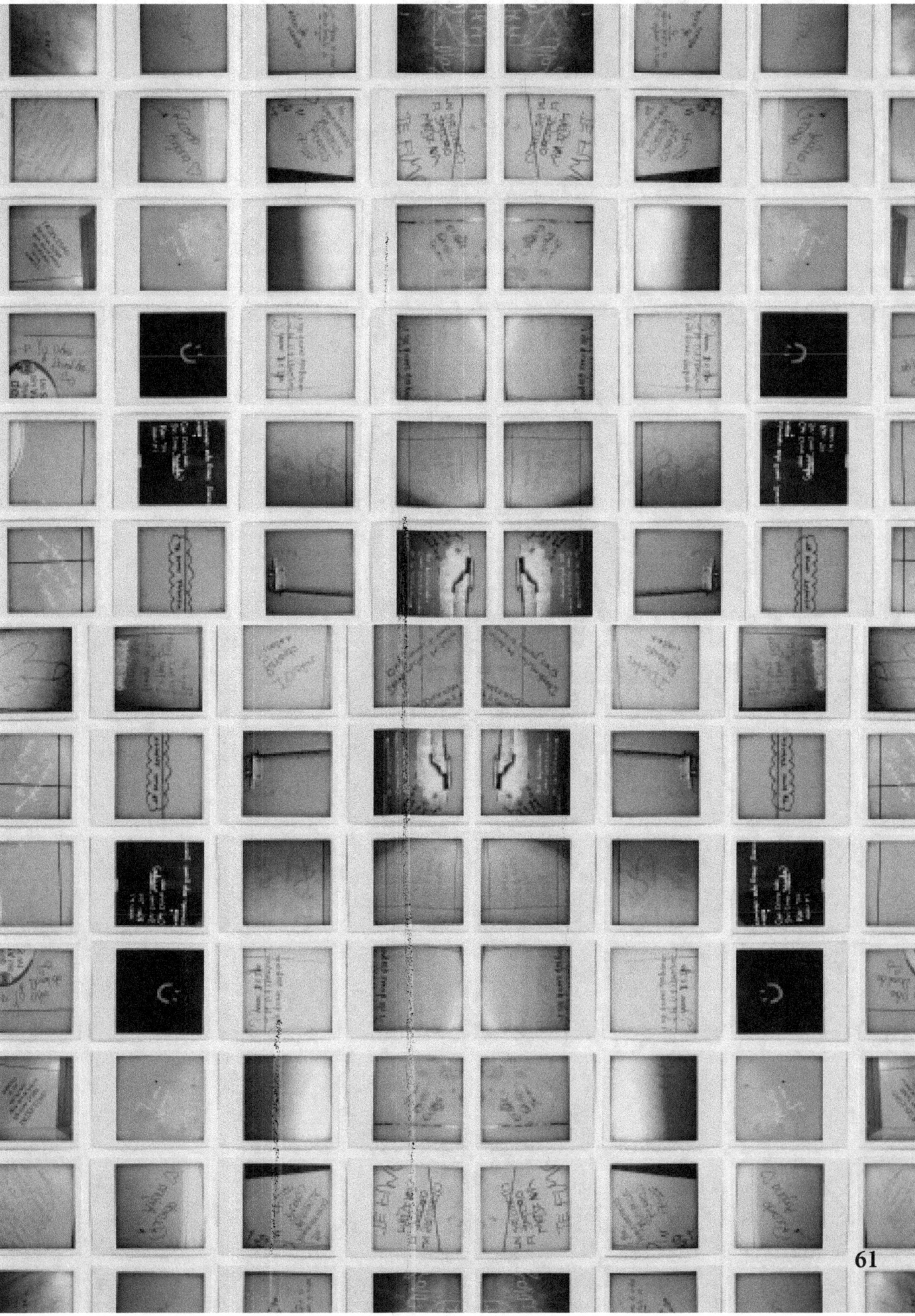

EL GENIO
JOVEN

poesía

Martín Cálix
(Honduras, 1984)

Poeta y narrador, forma parte del sello editorial independiente, *subVersiva*. Editor para Centroamérica de la Revista *Umbigo* de Ciudad Juárez, México. Ha sido publicado en distintas revistas, en la *1ra Antología de cuento y poesía* de La fonola cartonera, Chile (2013), en el D*ossier de poesía centroamericana comprometida* de la Revista hispanoamericana de cultura *OtroLunes*, España (2013).

Obra publicada:

Partiendo a la locura (Ñ Editores | 2011) (segunda edición para Casasola Editores | 2012)

45° (Ñ Editores | 2013)

Track 6

Suena
la cajita de música
atorada en mi pecho
cada trozo de papel
en el que escribí tu nombre
completa la geografía de tu sonrisa
este universo
convive
atorado
en
mi
lado
izquierdo.

Track 9

Cuando tus restos lleguen tocando a mi puerta y me digan que has marchado, que ya no podré verte más la mágica sonrisa, cuando me dibujen tus dientes en el brazo izquierdo, cuando lloren queriendo soñarte, cuando se queden callados de tanto dolor, entonces yo los abrazaré hasta que se queden dormidos como cuando vos lo hacías conmigo viéndome dormir.

Tengo un ejército de papel en la boca del estómago para poder escribir desde mis entrañas una imagen que me recuerde a vos, que de tus restos te rehaga la boca y tus manos. Este ejército nunca ha ido a la guerra pero sabe morir todos los días.

Morir como quien muere de amor aunque no sepa qué es el amor. Morir como los que acusan a dios de las muertes en cada callejón y en cada hospital aunque con certeza sepan que dios es un artículo que se vende en las tiendas para turistas con la etiqueta, *Hecho en Honduras*. Morir como si la poesía existiera en el almanaque de cosas inservibles de las redes sociales cuando saben que ella es un disco volador. Morir como si los domingos fueran un jardín de cráneos. Morir como si la expresión, *Academia de la lengua*, se escribiera con H igual que un gol a México en el Azteca. Morir de todas formas aunque no se tenga certeza del significado de la palabra muerte.

Ana Lu
(Honduras, 1990)

Estudiante de la carrera de letras en la Universidad Pedagógica Nacional Francisco Morazán. Formó parte del grupo universitario Tespis de la UPN-FM. Fue parte del VIII Festival Interuniversitario centroamericano de la cultura y el arte (FICCUA), El Salvador, 2013. Formó parte de Teguzclown (proyecto de clown experimental).

Ganadora de los slam de poesía de los meses de abril y julio de 2013, Centro Cultural de España en Tegucigalpa. Su trabajo de cuento y poesía aún está inédito.

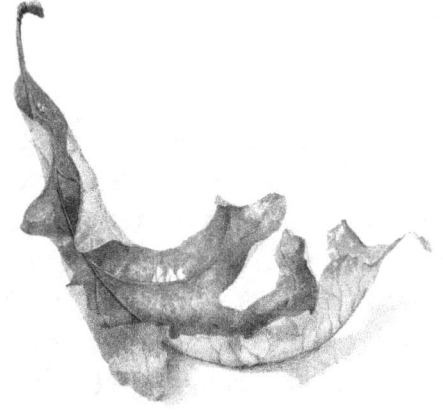

Estoy más pobre que puta en cuaresma.
Refrán español

Aurelia Luan se encuentra
en el país de los mil presagios:

El país de los mil presagios me tiene seca
me inyecto pequeñas dosis de sensibilidad
para que duela un poco lo moral.

El diario local hace un certamen de belleza
sobre los femicidios ocurridos esta semana
el país de los mil presagios
me tiene ciega.

Las balas ya no caben en la peatonal
y los vendedores ambulantes
juegan fútbol americano
con el alcalde de mi ciudad.

Me gustas cuando callas porque estás como ausente.

Pablo Neruda

No me callo ni me ausento Pablo
Estoy aquí
Susurrándote a gritos
Que no hay comida
No hay cigarros ni fósforos
No hay nada.

Estoy aquí desangrándome en la regadera
Escupiendo hijo de la vagina
Y a vos sólo se te ocurre decirme melancolía.

No me callo ni me ausento Hernán
Estoy aquí
Tratando de ser notada
Por un beso
Estoy aquí respirando tu aire
Viviendo tu vida
Entonces yo...

Yo no me ausento
Sólo me pierdo.

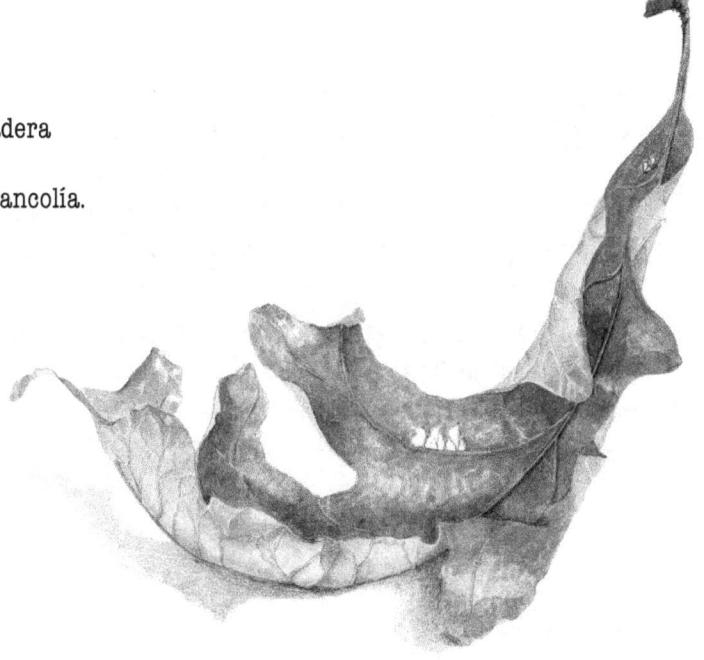

Ludwing Varela
(Tegucigalpa 1984)

Perteneció al taller literario Edilberto Cardona Bulnes. Sus poemas han sido recopilados en las antologías *Caballo Verde* (Cerezo desnudo, 2006), *Honduras, Sendero en Resistencia* (Verbo Editores, 2010) *Antología de poesía Honduras-Chile* (2012) y en revistas de Centroamérica, México, Cuba, Uruguay, Argentina y Marruecos. Libros publicados: *Autobiografía de un Hombre sin Importancia* (Ñ editores, 2012), *Premonición del Extinguido* (Editorial del Gabo, 2014), Ha obtenido los premios anuales de la Universidad Nacional Autónoma de Honduras, en las ramas de poesía, cuento, fabula y fotografía. Actualmente estudia literatura en la UNAH.

LOS PÁJAROS DE GAZA

Los pájaros de Gaza
Han tocado a mi ventana.
En sus miradas traían tatuadas imágenes semejantes
A algunos de los infiernos del Dante.
Entre sus picos
Ojos que guardaban el reflejo de un rostro aterrorizado
El dedo de algún niño
Que nunca había señalado a otro para acusarlo.
Al abrir la ventana cayeron a mis pies como si fueran unas bombas
Dispuestas a explotar todos los recuerdos
Se torcieron sus picos y se quebraron sus huesos.
Pero a mi alrededor nada había cambiado
Los libros y las pinturas estaban en orden
El suelo era tan firme como si hubiese estado ahí desde el principio de los tiempos
Pude ver que el agua en el vaso de cristal ni siquiera se movía.
Pero el corazón
Era un musculo desgarrado y comenzaba a desangrarse a cada segundo.
Los pájaros de Gaza
habían anidado en mi pecho.

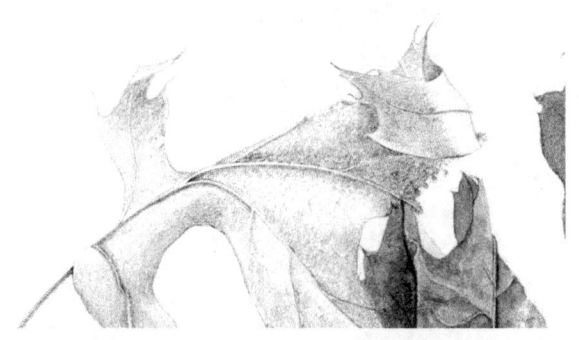

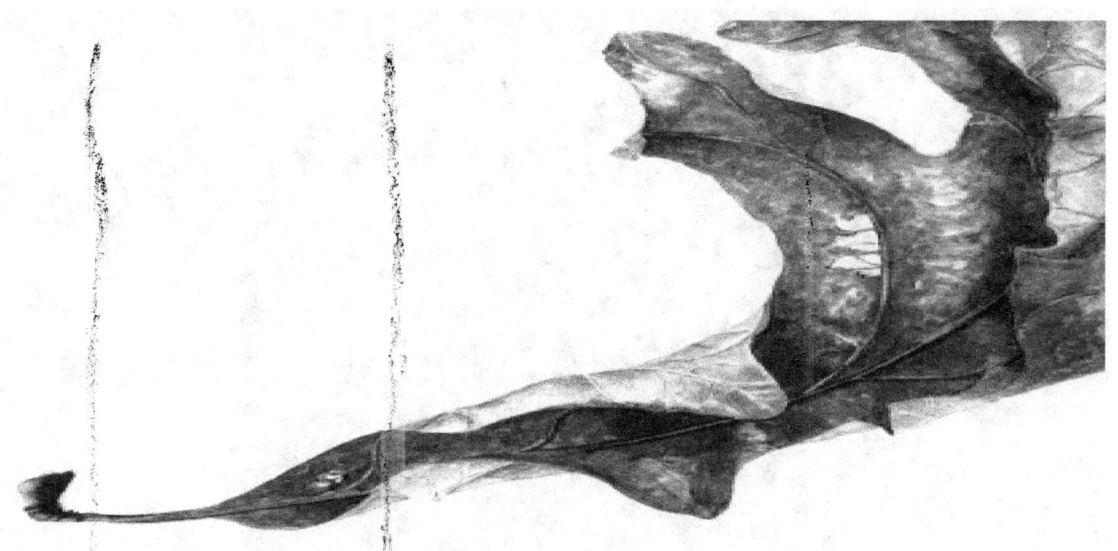

EL PAÍS DE ALICIA

En mi país
Los árboles son blancos
Y los búhos han decidido
No posarse más en ellos.
La conciencia de los hombres es tan clara
Que ilumina las sombras más oscuras.
En mi país
Los viejos dictadores
Pensarían que están en el cielo
-Toda decadencia es perfecta- dirían.
Y los cuervos les guiñarían el ojo.
Aquí los alquimistas
Cambian hule por plomo
Y los niños juegan a morirse en broma.
Y aunque parezca mentira
La gente
En este país
Se cree lo que está leyendo.

**Impreso en Estados Unidos
por Casasola LLC
2014**

www.ingramcontent.com/pod-product-compliance
Lightning Source LLC
Chambersburg PA
CBHW080820250626
47159CB00011B/3456